SAINTE
Catherine de Sienne

1347-1380

PAR

PIERRE-GAUTHIEZ

BLOUD ET GAY, ÉDITEURS

PARIS-BARCELONE

SAINTE

Catherine de Sienne

DU MÊME AUTEUR

P. P. Prud'hon. 1885. (*Épuisé.*)

Rabelais, Montaigne, Calvin. Études sur le XVIe siècle. 1893.

L'Arétin. 1896. (*Épuisé.*)

Jean des Bandes noires. 1901.

Lorenzaccio. 1904.

Bernardino Luini. 1905.

Dante. Essai sur sa vie, d'après l'œuvre et les documents. 1908.

Henri Heine. 1913.

EN PRÉPARATION :

Gesta Dei. La Fleur de France.

SAINTE CATHERINE DE SIENNE

Fresque d'Andrea Vanni. Chapelle delle Volte.
Eglise San Domenico à Sienne.

SAINTE
Catherine de Sienne

1347-1380

PAR

PIERRE-GAUTHIE

1916

BLOUD ET GAY, ÉDITEURS

PARIS, 7, PLACE SAINT-SULPICE, 7

35, CALLE DEL BRUCH, BARCELONE

VENERANDÆ AC PATERNÆ MEMORIÆ

PII X P. M.

A FILIO REDVCE

SACRVM

SENIS.APRILIS MCMII. ROMÆ.AVGVSTI MCMXI.

PARISIIS.JVNII MCMXVI

INTRODUCTION

Parmi la foule obscure des âmes que racheta Notre-Seigneur Jésus-Christ, certaines ont un privilège : instruites, sans tâtonnements, par un instinct surnaturel, sur les vilenies et les crimes de l'existence humaine, ces âmes-là se vouent, dès la première heure, au service exclusif de Dieu. Par là, elles méritent des faveurs et une grâce sans pareilles.

Telle fut, dans l'ordre divin, l'âme de celle que l'on a justement nommée « la plus grande Sainte de la fin du moyen âge[1] ».

Et, cette grandeur s'est accrue encore par les actes et les effets que devait accomplir, en sa carrière humaine de trente-trois années, cette âme privilégiée.

Sainte Catherine de Sienne, fleur de l'Église triomphante, joua sur terre, dans l'Église militante, un rôle de première valeur.

[1] Pastor. *H. des Papes*, I, 47.

Et elle fut, pour son siècle et pour son pays, pour la terre qui la faisait naître et pour les hommes qui l'entouraient, l'exemple constant et le guide souverain aux voies difficiles.

Le XIVᵉ siècle, où meurt l'époque dite « moyen âge », marque des changements profonds, universels. Et nulle part ces caractères n'apparaissent aussi puissants que dans l'Italie. On en comprend assez les causes, si l'on se souvient comment l'ère nouvelle devient, avant tout, celle où va régner la personne, l'individu, le caractère. A la discipline admirable, rigoureuse, du moyen âge, à cette société rivée dans ses cadres, va succéder une manière d'anarchie intellectuelle, politique et surtout morale; l'esprit de la fausse lumière, l'antique Lucifer, voudra désespérément triompher. Il exaltera, jusqu'aux plus monstrueux excès de la Renaissance païenne, l'amour-propre, l'orgueil, la foi dans soi-même et dans sa force égoïste. Infidèles à l'Évangile, les hommes se déchaîneront peu à peu : les sales instincts, l'amour de la chair et de l'or, les Pharisiens et les tyrans, l'art des charlatans souverains et l'admiration pour les brutes victorieuses, bref, le règne des sept Péchés, l'orgie des libertés humaines, voilà ce que l'on va revoir, ce qui se prépare en Europe. Et, plus voisine par ses mœurs comme par sa tradition, par son sang comme par ses goûts, de l'ancien paganisme, c'est l'Italie qui mènera la bacchanale.

Les héros qui résisteront aux voix d'enfer ont pour première vexillaire sainte Catherine de Sienne. Il faut une âme surhumaine pour conserver la clairvoyance et le courage au milieu de tels contrastes; une âme que n'aveugle pas la décadence de la hiérarchie féodale; une âme qui ne se laisse point assourdir par le fracas et aveugler par la poussière de ces deux immenses ruines, la théocratie pontificale et l'autocratie impériale; une âme que n'entraîne point cette haine de tout pouvoir général et extérieur, si tenace dans l'Italie.

Cette âme, elle est dans cette sainte. Elle ne subira pas même cette superstition de l'antiquité, qui a pu gâter Dante. Et lorsque la puissante main du dominicain saint Thomas d'Aquin a restauré la théocratie spirituelle, sainte Catherine saura mettre en œuvre les théories, fonder de nouveau l'ordre spirituel sur l'ordre temporel romain.

De si haut, l'esprit seul domine. Insensible à tout ce qui passe, unissant le culte de saint François au culte de saint Dominique, faite pour concilier et créer à nouveau, cette sainte élève l'action jusqu'à son point suprême, qui est le service de Dieu. Le temps des grands rêves s'est clos avec le moyen âge; sainte Catherine est de son siècle et de sa race, parce qu'elle est toujours pratique. Le sens des réalités, c'est la puissance de l'Italie moderne; il semble que la Sainte inaugure cette vertu, qu'illumine son mysticisme, c'est-à-dire sa communion avec l'esprit de Dieu.

Il est vrai qu'elle fut formée par l'Ordre le plus riche en hommes d'action, le plus fortement institué pour la vie réelle : celui des Dominicains. L'Italie, qui garde à Bologne le tombeau de saint Dominique, l'Italie, que saint Thomas d'Aquin appelle sa mère, a laissé prendre à ce grand Ordre des Frères Prêcheurs une place prépondérante. Dévoués au Pape, puissants dans les familles, surveillants et vengeurs du dogme, les Dominicains connaissent alors le temps de leur plus grand pouvoir. Leur doctrine doit séduire sans retour l'âme de la sainte : n'est-elle pas merveilleusement active en Dieu et pour Dieu, cette doctrine qui connaît aussi l'onction et la douceur, puisque l'auteur de la Légende Dorée, Jacques de Voragine, portait l'habit dominicain?

Dès qu'apparaissent les vertus précoces de la Siennoise, l'Ordre des Prêcheurs n'aura garde de négliger ce miraculeux instrument que lui offre la Providence. Dans les toutes petites villes comme Sienne, chacun, et même les plus humbles, est connu tout de suite : Catherine révélera les dons rares, et tout d'abord, on doit pressentir qu'elle possédera, pour parler comme un Père de notre Église française, « ce don spécial de persévérance qui n'est donné qu'aux Élus[1]. » *Dieu se repose en elle : les signes en sont évidents. Elle est « enlevée jusqu'à lui*[2], *enlevée de telle façon, et plus de cent et mille fois, raconte un homme de Dieu qui l'a vue vivre, — de telle façon, que ses membres restaient rigides et inflexibles ; tant, qu'on aurait plutôt cassé les os, que fait fléchir les membres* ».

Et ce ne sont point là ce que le grand controversiste appelait « les pieuses extravagances d'un amour que sa violence rend « insensé[3]. *On traite ordinairement dans le « monde, dit-il encore, les contemplatifs de « cerveaux faibles et blessés ; les ravissements, « les extases et les saintes délicatesses de « l'amour divin, de songes et de creuses « visions.*

« L'homme animal, comme dit saint Paul,

[1] Bossuet. *Inst. sur les états d'oraison*, IV, I.

[2] *Acta Sanct.*, III, 963, lettre d'Etienne (Maconi).

[3] Bossuet. *Lettres de piété*, etc., éd. de Sacy, II, CII, 9. — *Inst. sur les états d'oraison*. Préf. I, X. — *Lettres de piété*, I, I, 2.

« *qui ne veut ni ne peut entendre les mer-* « *veilles de Dieu, s'en scandalise ; ces admi-* « *rables opérations du Saint-Esprit dans les* « *âmes, ces bienheureuses communications, et* « *cette douce familiarité de la sagesse éter-* « *nelle, qui fait ses délices de converser avec* « *les hommes, sont un secret inconnu, dont* « *chacun veut raisonner à sa fantaisie.* » *Sainte Catherine n'a point révélé, et ne pouvait point révéler le secret ineffable ; mais elle a montré les effets de cette familiarité divine, en produisant des actes humains si puissants qu'ils ont transformé les destinées mêmes du Pontificat souverain. En communion supérieure avec Dieu, elle n'a jamais cessé d'être en communion inférieure avec les hommes de son temps, et cette voyante a remis en place, et peut-être scellé à jamais au vieux sol romain la pierre angulaire, la clef de voûte catholique.*

Un apôtre du sens droit et de la clarté n'a-t-il pas écrit[1] *: « Vous ne vous trompez pas de croire qu'il y a beaucoup de choses dans la Vie des Saints, que l'on y a mises avec peu de choix ; mais vous pourriez vous tromper et en trouver basses quelques-unes où il y a un trait secret de Dieu qui les relève.*

[1] Bossuet. Lettres cit., I, 1, 2.

« On n'est pas obligé à tout croire ; mais, il est bon de laisser passer ce qui choque, en prenant soigneusement ce qui édifie. »

Le trait secret de Dieu se trouve partout dans une telle vie ; et, décidé par ma doctrine et par ma foi chrétienne à n'en rien céler ni atténuer, je n'y trouve pas même, aux heures les plus étonnantes, rien qui choque et rien qui déroute. En principe, le grand miracle, pour parler la langue commune, c'est l'existence même de ces êtres privilégiés ; après ce prodige éclatant des miséricordes divines, quel acte peut nous stupéfier, quelle assurance nous surprendre ? Il est bien évident que ces personnes exceptionnelles n'auront point la belle santé normale de M. Prudhomme ; leurs gestes ne seront jamais vulgaires, et, au plat bourgeois, ils paraîtront extravagants. C'est naturel, c'est nécessaire. Par là-dessus vient la science déjà surannée qui nous empoisonnait hier ; elle traite de maladies ce qui dépasse son intelligence et sa vue, c'est-à-dire à peu près tous les phénomènes, — je parle son jargon, — qui prouvent un monde supérieur et nous consolent de celui-ci. Phénomènes qu'elle ne peut nier, mais qu'elle dénature par son contact sordide, avec cet art de tout changer en plomb, qui lui est particulier. Elle ne comprend même pas, cette science au mètre et au litre, qu'il est un caractère absolu, suffisant pour discerner la sainteté de la maladie : c'est qu'un malade veut guérir et souffre, c'est qu'un saint cherche à augmenter sa puissance de souffrir et ne consentirait jamais à voir s'atténuer aucun des efforts ou des maux misérables qui le conduisent à l'état intermédiaire entre l'humanité coupable et malheureuse, et les joies sans pareilles de la possession divine.

Il est oiseux et ridicule de juger ou de nier un langage qu'on ne saurait comprendre. Ce langage des saints, si la Providence m'a fait la grâce de pouvoir l'entendre, on me pardonnera sans doute de le balbutier à peine, et par là, de le figurer bien mal, sauf aux endroits bénis où je puis laisser la parole à sainte Catherine elle-même. On va la voir vivre, et souvent on pourra l'entendre parler, grâce aux reliques sans prix que nous a conservées, lettres, livres et documents, la ferveur de ses disciples.

I

SIENNE AU QUATORZIÈME SIÈCLE, ET DANS LE MILIEU DE CE SIÈCLE. VIE MYSTIQUE ET VIE MILITANTE DE CATHERINE JUSQU'A SON PREMIER EXODE.

avec rage, en violant à chaque minute les commandements éternels. Et, dans cette ville aux mœurs éclatantes et brutales, surgira celle qui a toujours aimé l'humilité, qui a toujours prêché la paix[1]. Sainte Catherine de Sienne ne sera siennoise que par sa fierté native, par son indomptable énergie, par l'ardeur de sa volonté ; mais, fierté, volonté, courage, elle appliquera toutes ces forces, qui lui sont communes avec ceux de sa race, de manière à les transformer en vertus un peu plus qu'humaines.

La violence avait toujours entraîné ces Siennois fougueux, que Tacite montre enclins à rosser les sénateurs envoyés par Rome[2]. Le moyen âge, en resserrant la vie autour des clochers et dans les murailles, n'avait point adouci ces mœurs. Enclos dans leur étroite enceinte, des citoyens, animés par leurs dissensions perpétuelles, se déchiraient, se massacraient à l'envi. Rancunes, vengeances, s'attisaient et s'éternisaient. Tarder à se venger, c'était inexpiable honte. Se venger au centuple, honneur triomphal. Et ces gens étaient chrétiens, et fréquentaient les sacrements sans scrupules ! Comme, à présent, tels autres disent le *Pater* et reçoivent

[1] On ne peut ici songer, sans sourire, à l'illustre « théorie des milieux » et à son apôtre.

[2] Hist. IV. XLV. « Manlius Patruitus, senator, pulsatum se in colonia Seniensi, cœtu multitudinis, et jussu magistratuum, querebatur... cum contumeliis et probris... »

l'Eucharistie, qui ne pardonnent point à leur offenseur et ne montrent point, au vrai fond de leur conscience, l'intention de vivre mieux.

Haine et rancune allaient si loin, dans les cités italiennes, que l'on devait confier à un magistrat venu de l'étranger les pouvoirs de juge suprême. A Sienne, le caractère commun de l'Italie s'exaspérait encore ; chaque petit groupe de citoyens avait sa tour de défense, où l'on se renfermait à toute alerte. Il était interdit aux membres d'un groupe quelconque d'épouser une fille appartenant à un groupe ennemi. Formes d'inimitié si tenaces, qu'elles subsistent encore et se retrouvent par exemple à la fameuse course du Palio, motivant de notre temps même les réconciliations solennelles entre « contrade » voisines et hostiles [1].

Pour être excessive et sanglante, la vie de la cité n'était alors ni moins prospère ni moins intense. Victorieuse de Florence dans la dernière moitié du siècle précédent, et tranquille sur le danger de Rome affaiblie et réduite à moins de 20.000 habitants, Sienne connaissait des années fécondes ; les palais se carraient de jour en jour plus magnifiques, sur les places, les églises montaient au ciel de colline en colline, les citadelles des quartiers hérissaient l'horizon avec leurs tiges robustes, l'antique louve siennoise montrait les

[1] J'ai assisté, en avril 1902, à l'une de ces réconciliations, qui eut lieu dans l'église San Martino.

dents à ses voisins avec tant de force et de fureur que nul ne se hasardait plus contre la cité triomphante.

Tout cela, c'était l'œuvre de l'esprit mauvais, puisque les églises même n'abritaient plus de vrais fidèles, mais des Pharisiens cruels et qui croyaient désarmer Dieu en lui abandonnant un peu de leurs richesses mal acquises. Alors, il fallait une sainte pour purifier cette ville. Et la sainte naquit à Sienne, en l'année 1347, et, s'il faut en croire la tradition dominicaine, ce fut par un jour des Rameaux, le dimanche des Palmes, comme on dit en Italie, cette année-là un vingt-cinq mars.

Celle qui respirait le jour de Toscane, à la date même où Notre-Seigneur entrait à Jérusalem, était digne d'être la fille éclose pour Pâques fleuries. Sans doute l'on mit sur son berceau l'une des palmes qu'on venait de faire bénir à l'église voisine, de Saint-Dominique. Rameau de palme ou branche d'olivier, le feuillage saint abrita d'abord deux petites têtes. Car une sœur jumelle, Giovanna, qui ne vécut guère, était venue avec Catherine.

Le vingt-cinq de mars, c'est aussi le jour de l'Annonciation. Sienne, vouée à la Madone[1], faisait commencer son année ce jour-là. Fête de

[1] « Civitas Virginis ».

Notre-Seigneur avec les rameaux, fête de la sainte Vierge avec le salut de l'archange Gabriel, ce jour-là devait voir surgir une fleur nouvelle, digne, autant que peut l'être un lys terrestre, du Maître divin et de la Mère souveraine auxquels sa vie humaine fut dévouée dès le principe et jusqu'au dernier soupir.

La famille de Catherine, c'étaient des artisans siennois. Race laborieuse, probe, faite d'honneur, de charité, encline à la piété grave, de sérieux pensers ; ces gens teignaient la laine, rue des teinturiers, dans la rue en pente double qui descend et remonte deux collines, et qui s'appelle maintenant du nom de la Sainte. Leur maison y subsiste encore, embellie par la piété, mais pas trop changée. On reconnaît là que leur nom de famille ne mentait point : Benincasa, bien dans sa maison, bien chez soi. La maison, assez resserrée comme toutes celles de ces villes à remparts, est plaisante, intime, elle a cette simple élégance qui est le charme de Toscane. Peu de chambres, vastes et grises, quelques chambrettes, où la vie sera plus secrète, et dont une sera l'oratoire de la Sainte ; des buanderies, des celliers qui gardent ce vin délicieux, digne d'être miraculé par les prières charitables de Catherine. Un de ces logis qui font comprendre le bonheur de se terrer, de se tasser chez soi, bien à l'abri dans une cité turbulente.

Le père de famille, le maître, Jacques de Benincasa, porte dignement le prénom du doux apôtre. C'est un homme « de bonne condition, de singulière honnêteté et renom, et de louable race », les vieux Siennois en témoignent[1]. Il appartient à cette classe intermédiaire entre l'aristocratie et la plèbe, à ce « populaire », à ce Tiers-État, comme on dirait ici, qui gouverne en ce temps la ville de Sienne. Il teint ses laines avec l'eau de la Fontebranda, qui coule au pied de la colline ; c'est la Bièvre des teinturiers siennois. Il a de l'aisance, un gros atelier, une succursale à Florence. Grave, indulgent, car il est vraiment pieux, il méprise les rancunes trop ordinaires au caractère siennois. Même ses ennemis et ses détracteurs seront épargnés par cette âme pure et robuste ; vient-on à dénigrer quelqu'un d'entre eux en sa présence, il hoche la tête, et fait taire doucement les mauvaises langues : « Eh ! dit-il, que Dieu te donne le bon jour, ne t'irrite contre personne, et ne dis rien qui ne convienne. » Une fois, un de ses adversaires l'injuriait sans raison, un blasphème corsait l'injure : « Ne blasphème point, reprit Jacques, et laisse faire que Dieu t'accorde bonne journée, et ne parle point ainsi, parce que Dieu montrera, j'espère que Dieu fera voir à celui-ci son erreur, et qu'il sera notre aide

[1] *Legg. min.*, 8-9.

et défenseur. » L'ennemi fut touché de repentir, et il fut fait comme l'avait prédit le brave homme. Il reprit de même sa femme, qui blâmait un jour l'adversaire.

Cette famille, qui déchoit bientôt avec les revers du parti populaire, et s'expatriera, connaît alors sa meilleure fortune. La mère y est digne du père. Lapa, née de Nuccio Piacenti [1], est la fille d'un gentil poète siennois; ce prénom de Lapa, c'est l'abrégé populaire de Jacoma, Jacqueline. Cette demoiselle aux ancêtres poétiques n'eut guère moins de vingt-cinq enfants. Il lui en reste onze, en comptant la nouvelle venue. Cinq fils : l'aîné de la famille, qui porte le nom paternel et vient de reprendre, l'année passée, l'atelier de son père avec deux associés; Barthélemy, le second frère, bien marié avec cette Lisa, fille de Golio Colombini, qui sera l'une des compagnes préférées par la Sainte ; Alexandre, Nicolas, puis cinq filles, Nicole, mariée à Palmiero della Fonte; Magdeleine, épouse de Barthélemy Vannini; Bonaventure, qui est fiancée à Nicolas Tegliacci; celle ci montrera bientôt comment la race des Benincasa s'affine et s'épure en arrivant à Catherine; son mari, un voisin de la porte Sant'Ansano, était un orphelin élevé un peu au hasard, il voyait mauvaise compagnie et tenait

[1] Ou Piagenti, « fiori nel 1280 » dit Nannucci. Man., II, 275.

avec les jouvenceaux de son âge des propos trop libres ; Bonaventure, en digne fille de Jacques Benincasa, souffrit de ces excès au point d'en prendre un mal de langueur ; Nicolas, étourdi mais point mauvais, s'inquiéta de voir sa femme s'amaigrir et s'attrister, il l'interrogea : gravement, la jeune épousée répondit : « Je n'ai point usance, au logis de mon père, d'ouïr telles vilenies, je sens grand'peine à les ouïr céans ; et tiens pour certain que bientôt tu me verras morte, si tu ne portes remède à telles misères. » Nicolas sut se corriger. Viennent ensuite Elise et Néra. Enfin il y avait Étienne le dernier frère, le plus proche de Catherine par son âge et aussi par son caractère. Les deux enfants tard venus faisaient une de ces amitiés entre petit frère et petite sœur, qui paraissent former une famille dans la famille. On peut croire que le frère y mit plus encore que la sœur ; c'est lui, surtout, qui ne pouvait la quitter. Elle, avait d'autres entretiens. On n'est jamais ami des saints que jusqu'à un certain degré. Le Maître ne connaissait point ses frères ; et, les vrais disciples ont peu d'affections humaines. Il est bon qu'il en soit ainsi. Une dernière fillette, qui reprit le nom de Giovanna, Nanna, fut la vingt-cinquième : elle mourut quand Catherine atteignait sa seizième année, en 1363[1].

[1] Le 18 avril. Libro dei Morti di San Domenico. « Nanna filia Jacobi tinctoris sepulta est die XVIII. Aprilis, 1363. » Gardner, p. 7.

Catherine est donc née parmi ces gens de métier que préférait Notre-Seigneur, entre lesquels il a choisi sa famille et trié ses apôtres. Les enfants nés dans ces maisons-là sont les plus heureux, et j'en sais qui, parvenus sur ce qu'on croit les sommets de la société, regrettent une humble boutique et le ruisseau des vieilles rues où les promenait une aïeule. Nourris par leur mère, mêlés à la vie du foyer, plus libres aussi, courant puiser l'eau des fontaines publiques, et faire les commissions par la ville, ces enfants-là voient mieux, sentent mieux, vivent mieux. Des terrasses aux sveltes arcades, qui embellissent la maison Benincasa, Catherine voyait, dans la Vallée-Plate où teignaient les teinturiers, le labeur honnête et la règle invariable des artisans. Puis, son regard, qui s'élevait au-dessus de la Fontebranda où s'emplissaient les *mezzine* de cuivre, découvrait, en face, comme la citadelle future de son âme et l'arche même de sa vie, l'Église de Saint-Dominique et son campanile tout neuf.

La fière église est toujours là : son briquetage s'est doré sous le soleil toscan. Chez nous, Sainte-Cécile d'Albi pourrait seule en donner l'idée. C'est la forteresse de Dieu, faite pour dominer les âmes. Il faut avoir vécu près d'elle, avoir erré sous les pilastres formidables qui l'enracinent au-dessus de Fontebranda, s'être agenouillé longuement sous ses voûtes, et, par les nuits de lune, avoir vu les effraies sortir de ses mâchicoulis en poussant leur lugubre cri d'âmes étouffées ; on ressent alors un peu de ces émotions qui écrasaient, au moyen âge, une enfant chrétienne dont la fenêtre s'ouvrait sur ce majestueux édifice. Centre de cette défense qu'est pour la Papauté l'Ordre de saint Dominique, un tel château fort de la Foi domine toute une vie. Le vaste couvent qui s'annexe à l'église conservait l'original de la Bulle où Grégoire IX approuvait le Tiers-Ordre dominicain, exhortait tous ses membres à « combattre pour Jésus-Christ, en se montrant obéissants à la foi apostolique [1] ».

Nourrie du lait maternel, car Lapa « cette bonne dame qui était très vertueuse, voulut la nourrir elle-même [2] », Catherine Benincasa commençait la vie avec une santé robuste ; elle échappait à la peste qui dépeupla l'Europe, une année après sa naissance ; c'est le fléau si longuement décrit par Boccace comme prélude aux funèbres gaîetés du « Décaméron [3] », c'est l'horrible mal d'infection qui, dans le printemps de 1348, faisait écrire à un chroniqueur siennois, Agnolo di Tura : « Moi-même, je dus mettre en

[1] Capecelatro, 564.

[2] *Vie de sainte Catherine de Sienne, vierge,* par un prêtre du diocèse de Valence, Lyon, 1829, in-16. p. 3.

[3] Introd. alla Ia Giorn. del *Decameron*.

terre mes cinq enfants, de mes propres mains, dans une seule et même fosse[1]. »

La force pieuse des Benincasa se montra dans l'épreuve; tandis que tels citoyens s'enfuyaient aux champs, que tels autres se mettaient au régime; pendant que les fous se livraient aux débauches désespérées et que les couards se renfermaient dans un grotesque isolement, la brave famille suivait le précepte fondamental : « Ceci, est mon commandement, que vous vous aimiez les uns les autres, comme je vous ai aimés. Il n'y a pas de plus grand amour que de donner sa vie pour ses amis[2]. » Ils aidaient les religieux dans le service des malades. Or, après plusieurs mois d'épidémie forcenée, tous les Benincasa, qui ne s'étaient point ménagés, survivaient à tant et tant d'autres qui s'étaient accrochés à l'existence, sans succès; au pied de la Tour del Mangia, au cœur même du cœur de Sienne, une chapelle s'élevait en 1352, la cappella di Piazza, ouvragée comme un reliquaire; les Benincasa furent tous parmi les citoyens épargnés qui posaient la première pierre, après qu'une trentaine de mille avaient été fauchés par la peste.

Catherine quittait « le lait de sa mère pour le pain de la famille »[3]. Et l'enfant précoce, dans

[1] Muratori, XV, 123-124. — Malavolti. Storia di Siena, Venise, 1599, VI, 108.

[2] St Jean, XV, 12-13.

[3] Raymond de Capoue, II.

ce temps même où la raison venait aux filles dès sept ans, et les fiançailles à douze, l'enfant prodigieuse étonnait et charmait ceux du voisinage, qui se disputaient sa présence. Elle possédait, tout de suite, cet attrait qui entraînait après elle, une « chaîne d'âmes[1] », des milliers d'âmes, suivant ses disciples. Ses lèvres s'ouvrirent pour bégayer la *Salutation angélique*. Sa mère terrestre lui avait appris à nommer tout d'abord la Mère du Ciel. De même, les mères françaises enseignèrent à des enfants qui s'en souviennent à jamais, l'art scabreux d'écrire, en leur grossoyant pour premier modèle un beau : « Je vous salue, Marie ! » moulé dans la noble bâtarde d'autrefois.

L'enfant qui possédait en elle un trésor divin se trouvait aimée, admirée, choyée par tout le voisinage. C'était une de ces fillettes toscanes, enjouées et sages, petites roses de candeur et de noblesse. « Tous ses parents, dit son excellent biographe, frère Raymond, se la disputaient, et l'emmenaient à leur logis afin d'ouïr la sagesse précoce de ses propos et s'éjouïr au commerce de son enfantine allégresse, pleine de grâce souveraine. L'étonnante consolation qu'ils en éprouvaient leur donnait telle joie qu'ils ôtèrent à la petite son nom de Catherine et la nommèrent

[1] *Caterina, catena.*

Euphrosyne. » Ainsi la créature de neuf ans qui pénétra le cœur de Dante était nommée jadis Béatrice, « par moult personnes, qui ne savaient lui trouver un autre nom[1] » à cause des béatitudes qu'elle inspirait par sa présence. Car, — les anciens n'en doutaient point, — « les noms sont les conséquences des choses, et les prénoms aussi[2] ».

Au lieu de s'amender, après le fléau qui avait décimé les hommes, la plupart des gens, revenus de la première stupeur, rentrèrent dans les cités dépeuplées et se remirent à vivre en brutes. La vie bestiale, que Dante flétrissait déjà, reprit avec fureur, et les mœurs trop bien décrites dans le Décaméron et les Novellieri du temps s'étalèrent autour des fosses que venait de combler la mort. Un nombre choisi d'âmes moins sales, demeurèrent fidèles à la piété, redoublèrent d'efforts après le terrible avertissement. C'est au milieu de celles-là, religieux épargnés par la peste, qu'ils affrontèrent, ou pieux citoyens qui reformaient avec ardeur la société presque détruite, c'est dans le cercle élu des consciences vraiment chrétiennes que grandissait Catherine. L'entraînante énergie dont son âme était douée pour amener au bien, commençait déjà son

[1] *Vita nuova*, ed. Barbi, I, p. 4, et F. da Buti. *Comm. sopra la D. C.* I., II.

[2] B. da Imola, *Comentum supra Dantis Aldigherij comœdiam*, I, 229.

œuvre sur ceux qui l'entouraient; et, sur la fillette charmante qui s'inclinait à chaque pas afin de la mieux révérer, la Mère du Ciel, la Madone à qui l'on voue les tout petits, étendait ses mains protectrices.

L'ardeur singulière de cette âme fut accrue par une vision qui lui vint, avant même d'atteindre l'âge communément nommé « âge de raison », la septième année. Catherine avait environ six ans; sa mère l'envoyait, avec son frère Étienne, chez la grande sœur mariée, Bonaventura. Les petits s'en revenaient de la maison sur les remparts, où demeurait leur sœur, ils descendaient le creux entre les quatre collines, la Valle Piatta, toute ruisselante d'eaux rousses, imprégnée par le tan salubre. Devant eux, l'église souveraine de Saint-Dominique érigeait son abside. Catherine leva les yeux, et voici qu'elle eut un spectacle merveilleux; au chevet de l'église, entre saint Pierre et saint Jean, Notre-Seigneur lui apparut dans une pompe triomphale. Et le Sauveur vêtu de pourpre, tiaré d'or et d'escarboucles, siégeant sur un trône « impérial », abaissa ses regards vers l'enfant tombée en extase, et qui attachait sur son divin Ami des regards pleins d'amour; il sourit, et il étendit sa main droite sur Catherine, et il traça sur elle un signe de croix, le grand signe des bénédictions solennelles, pour lui montrer que sa Grâce la bénissait à tout jamais.

Pendant qu'elle sentait descendre la miséricorde du Christ, Catherine, qui d'habitude était peureuse sur les routes, restait là, regardant le ciel, au milieu des passants, entre les bêtes qui rentraient en ville ou qui se bousculaient vers la fontaine ; les charrois des tanneurs, les cris et les coups de fouet, rien ne lui faisait. Elle contemplait Dieu. Sa vie réelle commençait.

Le petit frère, Étienne, avait continué de trotter en avant, sans s'apercevoir que sa sœur ne le suivait plus. Après qu'il eut fait du chemin, il se retourna, tout surpris ; Catherine restait là-bas, la tête levée, immobile. Étienne appela, cria, sans arriver à se faire entendre. Il courut en arrière et la rejoignit : « Viens-tu, enfin, que fais-tu là ? » Point de réponse. Alors il la prit par la main, en répétant : « Mais viendras-tu ? » Catherine eut l'affreux réveil de ceux qu'on arrache à leur rêve bienheureux : « Ah ! si tu voyais ce que je vois, tu n'irais pas me secouer afin de m'ôter une tant douce vision. » Et elle releva ses yeux vers le ciel, espérant y revoir le spectacle ineffable ; mais tout s'était effacé. Et la petite, sanglotant de regret, pleine de remords pour s'être laissé arracher au miracle, suivit son frère, tête baissée, sans pouvoir dire combien elle avait eu de joie, et quel mal il lui avait fait sans le savoir.

Dès lors, la vie d'une telle enfant se transforme, ou plutôt commence à montrer tout ce qu'elle doit contenir. Toute petite encore, elle comprend, par une intuition sublime, quelle est la voie du chrétien ; elle se sent portée, et marche obstinément, elle renonce peu à peu à cette expansion gracieuse qui la faisait chérir et rechercher par tous ; elle prend, en échange, sur elle-même et sur les autres, un ascendant toujours plus fort.

Sur son corps fragile, elle fait grêler les coups de discipline, une cordelette nouée la flagelle, en attendant les anneaux de fer dont elle se meurtrira plus tard. Elle s'accoutume au silence, aux privations. Ses petites compagnes, entraînées par l'exemple, se réunissent autour d'elle, en secret ; et l'on se frappe à coups de corde, pour terminer en récitant l'*Oraison dominicale* et la *Salutation angélique*.

Une telle ardeur la possède, cette enfant, qu'elle paraît ne point toucher les marches, lorsqu'elle gravit, en priant, l'escalier de la maison natale. Ce logis de la Fullonica devient son monastère, suivant la parole fameuse : « toute chambre peut devenir une cellule, toute maison une thébaïde[1] ». Catherine le sait ; elle a sa cellule et sa thébaïde dans cette demeure si pleine et si vivante.

[1] Lacordaire. *Vie de sainte Madeleine.*

Elle commence à l'orner de fleurs. Car les fleurs sont la joie, le blason de Sienne. Toute sa vie, elle aimera tresser les branches d'olivier sauvage et les parsemer d'anémones, elle assemblera les iris en gerbes frémissantes, et, pour les autels comme pour les foyers pieux, elle formera des couronnes avec toutes les belles corolles. Des croix en fleurs ou des couronnes, présents d'amie qu'elle enverra, de loin parfois, sans les connaître plus, aux personnes dignes de ce cadeau privilégié. Et tel, qui tient son âme pure, verra tout à coup, un beau jour, son cénacle intime s'orner par un envoi de Catherine, avant-courrier du Paradis.

Dans une âme ainsi préparée, la moindre semence germe au centuple. Elle ne semble rien apprendre, et elle sait tout. Un mot, une bribe de récit ou quelque anecdote entendue à l'église lui ouvre la vie des Pères, des Saints, et « en particulier du bienheureux Dominique[1] ». Et « ceux-là qui furent semés sur la bonne terre, c'est ceux qui entendent la parole et la reçoivent. Quiconque sème, il sème la parole[2] ».

Hantée par le désir de vivre à l'exemple des anachorètes, elle se sauve, un beau matin, passe la porte de la ville, descend au creux du premier vallon ; c'est le désert, pour elle, et n'a-t-elle

[1] Lacordaire. *Vie de saint Dominique*, p. 282.

[2] S. Marc, IV, 14-20.

pas de quoi vivre en ermite, avec ce pain qu'elle a fourré dans son giron ? Voici la caverne, la grotte sauvage où elle habitera : c'est une « cantina »[1], un de ces celliers naturels où les gens d'Italie font leurs caves ; et pour l'enfant qui n'a jamais passé les portes de la cité, c'est le bout du monde. Embrasée d'abstinences, enivrée d'ardeurs spirituelles, la voici qui s'abîme en oraison, et elle se sent soulevée de terre pendant plusieurs heures. Mais elle comprend que sa destinée n'est point dans ces réclusions matérielles ; l'esprit céleste la ramène au logis, on ne lui dit rien parce qu'on l'a vue prendre le chemin qui mène chez sa sœur ; la mère s'imagine que l'enfant a passé son temps au logis de Bonaventura. Et la petite ne dit rien. Le moyen âge a connu les emmurés volontaires, qui vivent reclus dans leurs murs ; elle, que Dieu tient à faire vivre au milieu du monde, elle s'emmure en elle-même, dans « la maison de la connaissance de soi ». Notre-Seigneur n'a-t-il pas dit : « Vous n'êtes point du monde, mais je vous ai choisis et tirés du monde[2] ».

Elle savait tout, puisqu'elle suivait l'Evangile. Elle savait que « le démon d'une certaine espèce ne peut être chassé que par la prière, et le jeûne[3] ». Bien des témoins la virent entrer dans

[1] *Legg. min.*, II, 10.

[2] S. Jean, XV, 19.

[3] S. Marc, IX, 28.

la lutte mystique avec ce démon de la chair et de la possession charnelle qui la tourmenta si rudement. C'était, ces témoins ingénus et sûrs, tant et tant de voisins[1], « un grand nombre de femmes dignes de créance, des voisins ou des parents ». Ce fut ses premiers confesseurs, dont l'un, Thomas della Fonte, appartenait par alliance à la famille et vivait dans la maison. Ces personnes d'élite la voyaient dans la petite chambre, toujours close[2], où brûlait jour et nuit la lampe allumée devant Notre-Seigneur, la sainte Vierge et les Saints. C'est pour ce petit oratoire qu'elle tressait croix et couronnes avec les lys, les roses, les violettes, et ces anémones des prés que le Sauveur célébrait en Galilée, lys des campagnes, plus royalement vêtus « que Salomon lui-même dans toute sa gloire[3] ». Et chacun s'accordait à dire que les bouquets de Catherine étaient « magnifiques ».

Mais les offrandes extérieures n'étaient qu'un signe. Elle faisait, l'âge de raison approchant, sa grave offrande intérieure. Le Saint-Esprit lui inspirait de se consacrer elle-même et pour tout jamais à « Celui qu'appelaient toutes les fibres de son cœur »[4]. Elle prononçait en son âme le

[1] R. de Capoue, II, fin.
[2] Dép. de Fra Bartolommeo da Siena.
[3] S. Mathieu, VI, 29.
[4] R. de Capoue, III, 1.

vœu monastique de la virginité perpétuelle. Par l'entremise et sous la caution de la Sainte Vierge, elle pria Celui qui mettait au plus haut degré « ceux-là qui se sont châtrés eux-mêmes à cause du royaume des cieux »[1].

Elle commença tout aussitôt à s'accoutumer dans la pénitence. Quand on lui donnait de la viande, elle la passait à son frère Étienne, ou bien elle la jetait aux chats, morceau par morceau, pendant qu'on ne la voyait point. Entre sa septième et sa dixième année, elle comprit de plus en plus que sa destinée l'attacherait au grand Ordre dominicain; ses traditions familiales l'y poussaient : sa tante paternelle, Agnès Benincasa, devenue veuve, était entrée dans la congrégation des pénitentes dominicaines, son portrait subsiste au dortoir du couvent, avec l'inscription : « Beata Agnese Benincasa[2] ». Sa mère, Lapa, n'était pas sans liens avec l'ordre des Prêcheurs ; un document subsiste, signé, scellé par F. Hervé, maître général de l'Ordre; dans cette pièce, la participation à toutes prières et bonnes œuvres des Frères est octroyée à Nuccio et Cecca Piagenti, grand'père et grand'mère maternels de sainte Catherine, en reconnaissance de leur grande dévotion à l'Ordre.

Par les della Fonte, par frère Thomas, parent

[1] S. Mathieu, XIX, 12.

[2] Drane. *The Benincasa family*. p. 11.

de son beau-frère Palmiero et de sa sœur Nicoluccia, Catherine recevait encore la même influence. C'était une œuvre capitale des Dominicains, que la reprise des familles pour la foi véritable, après l'abominable emprise de l'hérésie, longtemps conservée et transmise par l'influence féminine[1]. Catherine se consacra tout entière, et, à la lettre, corps et âme, à l'apostolat que prêchait par son exemple le grand saint « qui par les chemins, à presque tous ceux qu'il rencontrait, proposait de parler de Dieu ». Dans l'Italie bestiale de ce temps, où fermentait déjà la criminelle *Renaissance*, cette mort de la vie morale, ce paludisme d'âme, en ce temps abject, Catherine comprend et adopte la discipline rigoureuse, aux effets exceptionnels. Dès lors, sa vie est ce qu'on nomme un « miracle ». Pour ceux qui croient, affermis sur la conscience intime, ce miracle est normal. Il n'y a, dans ce qui étonne le monde, que détail négligeable, comme est négligeable aussi le caractère spécial des actes trop particuliers à cette époque. La science humaine explique, ou croit expliquer les procédés matériels de pareils actes ; si elle n'en admet ni l'origine ni le but, elle n'y comprendra rien. Car, les « faits » sont de plusieurs sortes, et leur nature n'est pas une. Il y a donc erreur de méthode et

[1] Guiraud. *Saint Dominique*, p. 53 et 138.

vice de raisonnement à traiter, par des moyens d'investigation identiques, des éléments divers entre eux.

Son admiration pour l'Ordre dominicain devenait telle, qu'on la voyait baiser la place où les Frères Prêcheurs avaient posé leurs pieds. Elle se figura qu'elle pourrait, comme sainte Euphrosyne, dissimuler son sexe et faire profession dans un monastère inconnu, d'un pays lointain. Toujours plus sérieuse, jusqu'à reprendre chez « Madame sa mère », les propos un peu trop véhéments d'une commère siennoise, elle attirait de plus en plus l'ardente sympathie de son brave père, qui, lui aussi, comme les parents surhumains de l'Évangile, bénissait Dieu, considérait tout sans rien dire, et, sans doute « conservait toutes ces paroles dedans son cœur », si bien qu'il vit, un jour où sa fille Catherine était en oraison dans la chambrette du petit frère Étienne, une colombe blanche venir se poser sur la tête de l'enfant qui priait.

Le temps de la douzième année arrivait, temps de réclusion pour les jeunes filles nubiles suivant la coutume de Sienne ; finies, les libres promenades chez la sœur Bonaventura, les visites aux voisins, les pieuses assemblées de fillettes ; on n'allait plus même, en famille, à ce bien de banlieue, près de Sainte-Marie-aux-Pilons[1]. Il

[1] *Legg. min.* 191, n. 2.

s'agissait de préparer une alliance honorable et de mettre en valeur les qualités de Catherine. Ceci regardait les matrones. Lapa, comme une bonne mère, et qui ne savait rien du vœu formé en secret, s'occupa, selon l'usage « que Catherine se fît les cheveux blonds et prît soin de bien orner son corps, afin de mieux plaire à l'époux qu'on lui cherchait[1] ». Elle l'engageait aussi et lui enseignait à laver plus fréquemment son visage.

Pour donner à la chevelure cet éclat d'emprunt, les petites demoiselles de Sienne prenaient, à doses calculées, de la cendre de sarments bien porphyrisée, de la belle eau claire de fontaine, du vitriol, faisaient bouillir, filtraient, mettaient en vase ouvert et exposaient à l'air trois nuits durant ; on lavait la tête « du mâle ou femelle » qu'on voulait teindre, avec de la lessive ordinaire, on séchait modérément, puis avec une éponge « bien nette », on humectait la tête, et l'on passait le peigne .

Mais Catherine refusa d'employer les belles recettes. Elle résistait aux parures, elle refusait tout ce qui charme d'ordinaire les filles. Et, comme elle n'avouait point son vœu secret de virginité, Lapa, qui ne pouvait comprendre, s'irritait et voulait la faire obéir. On peut croire que les

[1] *Legg. min.* 14 et 193. — R. de C., IV, 2.

[2] *Legg. min.* p. 194, note 9.

troubles de la cité, en recrudescence pendant cette période, ébranlaient et compromettaient la fortune des Benincasa ; c'était une raison majeure pour songer à bien établir Catherine. La prudente mère eut recours à Bonaventura, la fille aînée si chère au cœur de Catherine. Peu à peu, la grande sœur obtint de parer sa chère cadette, mais elle ne sut point gagner sur la farouche humeur de Catherine, qui se retirait des fenêtres et de la porte afin de n'être point vue, et fuyait les apprentis de l'atelier « comme des serpents ». Cependant, les quelques complaisances de toilette auxquelles la jeune fille consentit lui laissèrent d'affreux remords ; elle s'accusait, bien plus tard, à son confesseur stupéfait « d'avoir trop aimé sa sœur, qu'il lui semblait l'avoir aimée plus que Dieu [1] ».

L'épreuve finit par la mort de Bonaventura ; le farouche Dominicain qui la rapporte ne craint pas de dire que cette pauvre femme, morte en couches, et enterrée le 10 août 1362 [2], paya de sa vie le crime d'avoir été « tentatrice en cette question de vanité [3] ». Même il s'assure qu'elle fut « envoyée en Purgatoire où elle souffrit de graves peines ». Mais Catherine obtint bientôt, ainsi qu'elle le révéla « dans le secret de la con-

[1] R. de C. IV.

[2] *Legg. min.* 192. 10.

[3] R. de C. IV.

fession », la délivrance de sa sœur. Heureux les biographes qui savent user de matériaux reçus dans le secret de la confession ! S'ils ne gagnent pas toujours en prudence, il est permis d'espérer tout au moins qu'ils possèdent la certitude.

La mort de sa sœur bien-aimée frappa durement Catherine. Elle revint aux rigueurs de la pénitence. Mais la famille, toujours non avertie, et qui ne pouvait rien comprendre à une manière de vivre dont la cause encore secrète lui échappait, redoubla sa persécution et poussa jusqu'aux plus pénibles contraintes l'effort qu'elle croyait devoir faire pour décider Catherine au mariage. La jeune fille, harcelée, se vit dépêcher un jour Frère Thomas della Fonte, le familier de la maison ; le jeune Dominicain tenta de lui faire accepter l'union que désirait la famille. Alors Catherine lui démontra si clairement la volonté divine et la valeur de sa promesse à Dieu, qu'il changea de pensée. Cet orphelin, de dix ans plus âgé que la fillette, et qu'on avait accueilli comme un fils au foyer des Benincasa [1], tout nouveau dans l'Ordre, ingénu et dévoué, se laissa bien vite fléchir et il donna ce conseil de frère à Catherine : « Coupe-toi les cheveux. Peut-être alors que l'on ne te parlera plus de noces, et tu auras la paix. » Catherine n'hésita point ; elle fit

[1] *Legg. min.* 194, n. 11.

tomber la parure qui paraissait essentielle à toute fiancée. Elle se couvrit la tête d'un voile. Sa mère, étonnée, lui demanda pourquoi. Ne voulant ni mentir, ni avouer, la jeune fille ne répondit rien. Alors, Lapa, soulevant le voile, découvrit la tête rasée. Il y eut des criailleries, et une fureur générale de la famille exaspérée et déçue. On commença de maltraiter Catherine, elle fut privée de « toute chambre particulière pour s'y retirer », l'un des pires supplices qu'adolescent puisse connaître dans une famille nombreuse; on congédia la servante de cuisine, et on astreignit Catherine à laver par terre. Car on avait trouvé, dans le parentage un fiancé selon le désir de tous; et la vigueur des assauts en redoublait.

Mais les épreuves amenaient Catherine à se mieux posséder elle-même. Elle se fit cette « cellule intérieure », intangible et inabordable, que le chrétien doit édifier pour suivre le divin précepte : « Voici que le royaume de Dieu est au dedans de vous.[1] » Afin de se donner courage sous les mépris et les injures qu'on lui prodiguait, elle se figura, pour tolérer tant d'avanies, que son père tenait la place de Notre-Seigneur, sa mère, celle de la Madone, ses frères et les autres membres de la famille, celle des apôtres et des

[1] S. Luc. XVII, 21. — R. de Capoue, IV.

disciples. Dès lors, elle supportait tout sans peine et servait avec allégresse.

Elle sut adoucir, par sa pieuse industrie, l'obligation de vivre en commun dans une chambre; elle choisit, pour la partager, celle de son bon petit frère Étienne, qui était seul à l'occuper, restait dehors toute la journée et dormait si bien qu'on pouvait prier, veiller, sans lui donner trouble ni gêne. Fortifiée par le silence et l'espérance, attachée à redire avec sainte Cécile le verset du Psalmiste : « Faites, Seigneur, mon cœur et mon corps immaculés », elle gagnait de plus en plus l'estime paternelle, et maîtrisait, par sa constance, même la volonté mauvaise de sa mère et de ses parents.

Saint Dominique s'approcha de plus en plus vers cette âme vaillante. Catherine, qui l'implorait, le vit un jour, qui tenait un lys de lumière. Elle osa s'avancer vers lui. Le saint Patriarche avait dans une main l'habit des Mantelées, Pénitentes dominicaines qui revêtaient un grand manteau noir, sur une tunique et une ceinture blanches; un voile blanc achevait ce costume. Ces pieuses dames foisonnaient à Sienne, mais elles se recrutaient presque invariablement parmi les veuves. Être tertiaire dominicaine sans avoir été mariée, c'était, semblait-il, impossible. Pourtant, le saint fit ouïr en songe à Catherine cette promesse formelle : « Très-douce fille, aie bon courage, ne crains nul obstacle, car, très certainement, tu dois revêtir cet habit que tu désires ». Catherine se réveilla baignée de larmes délicieuses.

Mais, il arrive qu'au temps même des plus souveraines délices, et lorsque s'ouvrent les promesses surnaturelles, les épreuves matérielles, par un dernier effort du mal, et du monde, se font plus rudes. La mère de Catherine fut en apparence vaincue par l'aveu public que la jeune fille, à la suite de sa vision, vint faire devant la famille. En effet, Catherine annonça hautement son vœu, déjà ancien, de rester vierge et consacrée à Dieu. Elle dit qu'elle quitterait, s'il le fallait, la maison paternelle plutôt que de renoncer à ce vœu sacré. Jacques Benincasa cédait à la divine Charité ; il autorisa le désir de sa fille, on rendit à la pieuse enfant une chambrette où s'isoler, et elle fut libre de faire pénitence.

Elle commençait alors le cours de ces austérités surhumaines qui laissent à peine comprendre comment elle resta vivante durant une vingtaine d'années encore ; rigueurs inouïes, qui l'amenèrent à ce point de maigreur « qu'à sa mort, le nombril lui touchait quasi les reins », ainsi que dit un vieux biographe »[1]. La mère ne pouvait souffrir de voir sa fille vivre ainsi ; elle avait été

[1] *Legg. min.* VI, 21.

fière de cette belle enfant, forte et brillante de santé. Et maintenant, il lui fallait tolérer qu'elle vînt à rien, sous ses yeux, dans sa maison et à sa table. Catherine, devenue libre, inaugurait cette prodigieuse abstinence qui, plus tard, lui permit de vivre depuis les Rameaux jusqu'à l'Ascension sans rien absorber d'autre que les saintes espèces[1] et un peu d'eau pure. Elle s'accoutumait à ne plus manger de viande, jamais et sous aucun prétexte. Jusqu'à sa quinzième année, elle colorait l'eau de son repas avec quelques gouttes des puissants vins toscans, si riches en couleur[2]. Après ses quinze ans révolus, elle ne but que de l'eau pure. Bientôt elle ne mangea plus que du pain et des herbes crues, et « maintes fois elle se tint sans nul aliment corporel, et même sans boire ni d'eau ni de rien autre, toujours demeurant gaie et dans une sainte allégresse[3] ».

Vêtue, l'hiver comme l'été, d'une simple tunique en laine, elle porta d'abord un cilice, mais son extrême propreté lui fit abandonner ce sale engin, et elle se ceignit d'une chaîne en fer qui lui meurtrissait les côtés et lui brûlait la

[1] La Post-communion de son office dit : « ... Mensa cœlestis quæ beatæ Catharinæ virginis vitam etiam aluit temporalem. » On sait que la communion sous les deux espèces ne fut abolie pour les fidèles qu'en 1415, par le concile de Constance. C'est ainsi que Catherine recevait du prêtre « un peu de vin dans le calice, selon l'usage ». *Legg. min.* VI, 20.

[2] R. de C. VI.

[3] *Legg. min.* VI, 20.

peau. Prolongeant ses veilles sans fin, elle s'administrait trois fois par jour, à l'exemple de saint Dominique, une discipline si rude, avec des maillons en fer brut, que son sang aspergeait le sol. Elle voulait, disait-elle, « rendre sang pour sang au Seigneur[1] ».

Ces pratiques exténuèrent le corps en affermissant l'âme et en l'épurant. Lapa voyait sa fille, naguère si robuste, et capable d'enlever et de hisser au grenier une charge de mulet ou d'âne, diminuer et dépérir au point de fondre à moitié. Cette chair débile cachait une flamme puissante. Mais une mère ne saurait se résigner à ces dangereux efforts. Elle gémissait d'entendre les coups frapper la chair de sa chair, elle sanglotait à voir les taches de sang sur le carreau. « La vieille, dit le brutal historien de l'Ordre[2], s'arrachait les cheveux de la tête. Elle ameutait le voisinage par ses cris désespérés lorsqu'elle trouvait Catherine dormant sur une planche nue, elle la forçait à partager son lit ». La jeune fille se glissait dehors, dès que Lapa dormait. Reprise et ramenée, elle fourra des planches sous la place où sa mère la contraignait à s'étendre. Lapa finit par se lasser, elle céda.

L'inflexible volonté de Catherine lui faisait

[1] Des fragments du cilice sont conservés à la Confraternité de Fontebranda, à San Spirito de Sienne, à Avignon et en divers lieux. La chaîne de fer est à Saint-Dominique de Sienne.

[2] R. de C. VI.

désirer et réclamer obstinément l'habit dominicain. La mère tentait une ruse dernière : elle emmena sa fille aux bains, « aux eaux », comme on dirait à présent. C'était au pays de Vignone, sur la rive droite de l'Orcia, près San Quirico in Osenna, sous le Mont Amiata. Ces eaux thermales, maintenant délaissées, coulent au pied de la plus haute cime qui soit en Toscane ; la station possédait alors des palais, des auberges, une chapelle s'élevant au milieu de ces édifices. Le bain était « carré, très beau, la source divisée en deux, avec un toit qui défendait les malades qui s'y baignaient contre la pluie. On pouvait se baigner à part, et les hommes étaient séparés des femmes. Les eaux étaient ferrugineuses, avec de l'alumine, un peu de cuivre, d'or et d'argent, bonnes pour le foie, la rate, les maux d'estomac et les troubles de la nutrition, l'ictère, le catarrhe chaud, la tympanite, les névroses[1] ».

Catherine fut une étrange baigneuse. Elle usa des eaux chaudes pour se mortifier, elle priait qu'on la laissât séjourner longtemps aux piscines ; c'était pour se mettre devant les jets brûlants qui sortaient des tuyaux ; et, toute seule dans les bouillonnements qui la suppliciaient, elle pensait à ses péchés, aux peines infernales, au Purgatoire qu'elle parviendrait peut-être à éviter par

[1] *Legg. min.* 196-17, note 16. La chapelle reconstruite en 1660 est dédiée présentement à sainte Catherine de Sienne.

ses douleurs terrestres. Elle revint, la saison faite, sans lésions apparentes. Et elle se reprit à solliciter son admission parmi les sœurs Pénitentes. La mère, obsédée, recommença ses démarches ; mais elle se heurtait maintenant au refus de l'Ordre lui-même, qui invoquait sa règle pour refuser cette jeune fille.

Le champion de la Foi, saint Dominique, avait enrôlé les laïques au service de l'Église. Milices formées pour Jésus-Christ, les confréries d'hommes et de femmes vouées à la défense du catholicisme devaient revêtir un uniforme. C'était, sans forme spéciale, dès vêtements à la couleur blanche et noire. Certaines oraisons remplaçaient les heures canoniques.

Quand l'hérésie diminua, vigoureusement écrasée, les femmes de la sainte milice, qui demeuraient veuves, formèrent une congrégation de Pénitentes, et s'agrégeaient d'autres personnes qui partageaient leur caractère et se pliaient à leur observance. Le Saint-Siège, en frappant les Béguines et les Bégards, avait excepté les sœurs de la Pénitence dominicaine, et la bulle d'Honorius IV, qui leur donnait le privilège d'ouïr les offices divins en temps d'interdit, dans les églises de l'Ordre, avait été confirmée par Jean XXII. Ces faveurs rendaient plus strict encore le devoir de maintenir l'Ordre dans ses lois. Pourquoi recevoir une jeune fille parmi ces « veuves éprouvées »? Lapa Benincasa rapportait toujours qu'elle s'était heurtée à cette fin de non-recevoir.

Mais Catherine sut toujours briser ce qui lui résistait, par sa volonté sans rémission. Le hasard, dont elle savait user, vint à son aide. Elle tomba malade, peut-être d'une révolution causée par les bains pris avec un tel excès, peut-être aussi d'un mal infectieux, qui serait la petite vérole, et la couvrit « de pustules et petits apostumes ». Défigurée, brûlant de fièvre, elle voyait se désoler à son chevet la pauvre Lapa ; redevenue la favorite, celle qui avait été allaitée, chérie entre tous, Lapa retrouvait ses entrailles de jeune mère pour cette enfant que menaçait une maladie trop meurtrière en ce temps-là.

Catherine vit le moment propice entre tous ; elle savait que la jeunesse, les dons physiques, étaient l'empêchement principal à son admission parmi de vieilles dames, peu favorisées par les grâces et désormais hors du danger qui vient des attaques charnelles. Il s'agissait d'être aussi laide, aussi neutre du moins, que tant de « veuves éprouvées [1] ». La vieille dame italienne est austère à voir, entre toutes celles qui surpeuplent le monde ; mais l'éruption qui gonflait les

[1] Il y avait, sous ces conditions, d'autres exemples que l'on eût admis des filles. Le « prima excellens virgo » du latin marque la primauté de vertu, et non le fait d'être « la première reçue ». Cf. Flavigny. *Sainte Catherine de Sienne*, II, 35, note 1.

traits, déformait le visage, boursouflait les paupières, altérait la bouche, rendrait sans doute l'examen favorable et ferait adjoindre une vierge défigurée aux matrones intangibles.

Il en fut ainsi. « Très douce mère, dit-elle un jour à Lapa, quand les pustules se furent bien formées, très douce mère, si vous voulez me voir récupérer force et santé, faites que soit exaucé mon désir de recevoir l'habit des Sœurs Pénitentes du Bienheureux Dominique. Autrement, j'ai bien peur que Dieu et le Bienheureux Dominique, lesquels m'appellent à leur service sacré, ne fassent en sorte que vous ne me puissiez plus posséder, ni sous cet habit, ni sous aucun autre ». Lapa, terrifiée, courut de nouveau chez les sœurs, et ses instances ébranlèrent leur première décision ; mais on fit les conditions : il fallait que la fille ne fût point « d'une beauté trop séduisante ». Lapa leur offrit d'en juger elles-mêmes. Plusieurs matrones se transportèrent au chevet de la convalescente. « Sa beauté, disent les vieux textes, ne fut jamais extraordinaire ; mais elle avait à ce moment disparu tout à fait, les ravages du mal laissaient à peine distinguer le visage[1]. » La pieuse fraude réussit, aidée par la sainte éloquence de Catherine qui sut édifier les dames par sa prudence et sa maturité précoce. Elles recon-

[1] R. de C. VII.

nurent une âme inspirée par le Saint-Esprit. Et leur rapport fut tel, que les Frères Prêcheurs, comme la Congrégation des Pénitentes, furent unanimes à prononcer l'admission.

Catherine, forte de cette promesse, guérit assez vite. Et, par un beau dimanche[1], on la vit traverser, en compagnie de sa mère, la courte voie qui mène à Saint-Dominique. Là, dans la chapelle des voûtes, à droite de l'entrée[2], elle gravit les marches, et devant l'autel, un Dominicain lui remit le manteau noir, la tunique blanche, le voile blanc et la ceinture. Elle revint au logis, dans sa cellule, presque pareille dans cet habit qui différait si peu de ceux qu'elle avait portés jusqu'alors, mais unie désormais par un lien formel à l'Ordre puissant dont elle était l'ardente adepte et dont elle allait devenir la fille la plus glorieuse.

Alors commença cette sorte de noviciat moral pour la sainteté, qui la fit si forte, l'arma d'armes irrésistibles. Recluse, taciturne, toute en Dieu, dans le plus beau sens et le plus littéral du mot, elle conquit toutes les grâces par cette violence de la charité, du saint amour qui oblige, et force,

[1] Sur la date précise, il y a force discussions, extrêmement indifférentes. La plus invraisemblable erreur paraît, non point celle de la R. M. Drane, mais celle de Grottanelli, dans sa note 17e, p. 197, à la *Legg. min.*, qui entend mal Caffarini.

[2] C'est là que l'on voit son meilleur portrait, celui d'André Vanni.

et triomphe[1]. « Chaud amour et vive espérance », dit le poète souverain ; c'est ce qui viole le royaume des cieux. » La volonté divine se manifesta sur la vierge qui l'implorait, et l'attirait, et l'arrachait comme elle veut l'être « pour être vaincue ».

Elle ne sortait de sa chambre que pour l'église et les aumônes. Chaque nuit, elle veillait tandis que reposaient les Frères Prêcheurs. Puis, au second coup de Matines, elle les remettait à la garde du Seigneur, et se jetait sur une planche, avec une bûche comme oreiller. Elle mérita d'être instruite par des communions directes avec Celui qu'elle servait uniquement. Et les visions la comblèrent d'enseignements intimes. Elle eut peur, tout d'abord, elle savait que les feux du Malin imitent la lumière incréée. Mais le Sauveur lui inspira la certitude en lui donnant le moyen de reconnaître les tentations spirituelles d'avec les révélations. D'après la pure doctrine de saint Thomas et des docteurs, elle sut que l'Esprit divin commence par la crainte et finit dans l'allégresse, alors que Lucifer inspire d'abord les délices traîtresses et finit par laisser à l'âme les terreurs et les amertumes. Elle connut que le fruit du Vrai, c'est l'humilité, le fruit du Mensonge, l'orgueil.

[1] S. Mathieu, XI, 12. — S. Luc. XVI, 16, repris par Dante, Par. XX, 94-99.

Depuis lors, veillant et dormant, dans la prière ou la lecture, dans l'action ou dans l'oraison, elle eut des entretiens avec le Sauveur, la Vierge et les Saints. Les dialogues avec Notre-Seigneur l'exaltaient de terre. Elle entrait en extase.

Ce qu'étaient ces extases, maints témoignages de disciples nous l'apprennent, et ses aveux personnels [1]. Rigidité des membres, cris, apparence de la mort, pourquoi décrire et rappeler ces marques extérieures, communes et patentes, d'un état qui dépasse l'expérience et surpasse les spectacles visibles ? Il ne faut pas être grand clerc pour entendre que les êtres extraordinaires, capables d'actes rares et d'effets surhumains, présentent des caractères spéciaux. Les secrets des âmes plus grandes se révèlent aux yeux de tous par des signes incomplets. Leur rôle seul, et leurs bienfaits, qu'on ne peut contester, importent.

Le danger, pour une telle âme, si Dieu ne l'avait conduite sans défaillance, c'était de s'abîmer dans une contemplation stérile. Ces jouissances ineffables de conversations sacrées, une sainte peut les garder pour elle seule, et s'anéantir dans un ravissement qui ne rayonnera point sur autrui. Catherine fut tout d'abord, dans

[1] Cf. *Acta Sanctorum*, Aprilis, III, p. 963. Anvers. 1675, in-folio et le ch. CXI, p. 142 du *Dialogue* ; *Lettere*, éd. citée, p. 128 et suiv.

la première allégresse de sa réclusion, extrêmement encline à vivre pour contempler et s'abstraire. Elle commença par observer, au delà de ce qu'enseignaient les règles des Tertiaires, les trois vœux principaux, de chasteté, d'obéissance et de pauvreté. Le premier était le principe même de sa conduite ; elle exagérait le second, ajoutant, à l'obéissance due au maître de l'Ordre et à la Prieure, la plus exacte soumission à tout ce que pourrait exiger son confesseur, sans cesse interrogé par elle ; pour le troisième, non seulement elle prodiguait aux pauvres les ressources, alors copieuses, de la maison paternelle, mais elle allait jusqu'à prier pour l'appauvrissement de sa famille ; elle fut bientôt exaucée, père et frères se ruinèrent[1].

Elle observait un silence absolu, qui dura trois années entières. Alors, dans cette rigoureuse retraite, les grâces souveraines lui furent données avec une abondance toujours plus grande ; la pauvre cellule où vivait cette créature épurée et fervente, se peupla pour elle d'apparitions ineffables. Le Sauveur, Notre-Dame, les saints du ciel lui apparaissaient, conversaient avec elle. Sa doctrine mystique se formait, s'éclairait, s'affirmait, dans l'anéantissement de tout lien charnel.

De tels privilèges sont toujours rudement

[1] Serafino Razzi. *Vite dei Santi del S. O. dei Predicatori*. Firenze. 1577, in-4°, p. 51 de la 2e partie.

payés. La tentation est le revers d'une vie spirituelle intense. Catherine n'échappait point à cette loi. Ce fut d'abord l'épreuve de l'éloignement spirituel, l'absence de Dieu, le découragement, l'inertie dans l'oraison. Puis, les assauts se resserrèrent : les plus sales images, les spectacles d'ébats charnels sous des formes abominables, vinrent souiller l'imagination qui s'exacerbait, attiser les sens en révolte. La jeune fille était obsédée jusqu'à désirer la mort, elle ne connaissait un peu de répit qu'en se réfugiant à l'église, et les funestes mascarades qui défilaient devant ses yeux horrifiés et asservis duraient plusieurs jours, sans trêve ni repos. Enfin, un jour qu'elle se prosternait, brisée, au retour de la messe où elle avait cherché remède à ce martyre dégoûtant, Notre-Seigneur lui apparut : « Ma fille Catherine, lui dit le Maître crucifié, vois ce que j'ai souffert pour l'amour de toi ; ne te lasse donc point de souffrir pour moi quelque supplice que ce soit. » Et, peu après, l'Ami divin [1] se montra devant elle encore, et se réjouit avec elle de la victoire remportée sur les démons. Catherine osa demander, à l'exemple de saint Antoine Ermite : « Où donc étais-tu, mon Seigneur, lorsque mon cœur était vexé par tant d'immondices ? — Au milieu même de ton cœur, répondit le Christ. —

[1] « Vos amici mei estis. » S. Jean, XV, 14.

Et comment, ajouta la pénitente, une Pureté comme vous pouvait-elle demeurer dans mon cœur, alors tout plein de pensers très laids et très sales ? — Produisaient-ils, ces pensers-là, de l'allégresse dans ton cœur, ou bien tristesse et peine, répondit le Sauveur ? — Une tristesse extrême, et un souverain déplaisir. — Qui donc faisait, conclut le Maître, que tu t'attristais de pareilles tentations, sinon moi, qui demeurais caché au milieu de ton cœur ? Car si je n'eusse été présent, ces pensers auraient pénétré dans ton cœur, et tu t'en serais délectée. Mais c'est ma présence qui te causait ce déplaisir[1]. »

Ne lui avait-Il pas donné le secret même de la vie spirituelle, en lui disant : « Sais-tu, ma fille, ce que tu es, et ce que je suis ? Si tu sais ces deux choses-là, tu seras heureuse. Eh bien, tu es celle qui n'est point. Et moi, je suis celui qui est[2]. »

Avec l'aide de la Mère divine, son avocate, et de sainte Marie-Madeleine qui lui avait été assignée comme « maîtresse et mère », elle vivait selon la loi du grand amour, « tenant pour amères les choses douces, et les choses amères pour pleines de douceur ». Mais le Seigneur, en la formant aux délices et aux luttes intimes, la prépa-

[1] *Ibid.*, 56, et Silvano Razzi, *Vite dei santi e beati toscani*. Florence, 1593, in-4°, p. 583-4.

[2] *Divi Antonini Archiep, flor. Chron.* p. III. Lyon, 1587, in-fol. t. III, p. 692-698.

rait aux œuvres extérieures. Il ne pouvait octroyer une telle force, de tels trésors à une âme, pour la laisser sans effets de charité, sans travaux humains, sans efforts pour le prochain. Elle allait prendre la croix, la plus dure des croix, celle de l'action sociale et politique, et elle allait suivre le Maître dans les chemins poudreux, fangeux, des intérêts humains, des luttes humaines. La vie intérieure, « l'abîme de la Trinité », lui avaient révélé la force et la méthode ; elle allait dépenser l'une sans compter, et appliquer l'autre sans jamais regarder en arrière.

Elle commença par une influence sur ceux qui l'entouraient directement. Façonnée par des oraisons si instantes et si prolongées que « ses genoux montraient les mêmes durillons comme ceux des chameaux[1] », rompue aux luttes avec le diable, elle se trouvait armée et fortifiée pour agir sur les volontés chancelantes des gens ordinaires. Après avoir vécu dans un ravissement sacré, où saint Jean l'Évangéliste et saint Thomas d'Aquin lui enseignaient à lire et à écrire, où des visions merveilleuses la comblaient sans cesse[2], vêtue de la robe nuptiale, ornée de l'anneau nuptial par les fiançailles mystiques dont

[1] *De memorabilibus et claris mulieribus aliquot diversorum scriptorum opera*. Paris. Simon de Colines. 1521, in-fol. p. 136. (Jac. Bergomensis de claris mul.) « cum diabolo saepè luctabatur ».

[2] *Supplément à sa vie*, I, 2.

Notre-Seigneur l'honorait, possédée par l'extase jusqu'à « suer du sang et brûler de fièvres sans remède », guérissant une pneumonie qui la tuait par un pélerinage d'un mille au monastère de Saint-Abbondio, cette fiancée, cette commensale du Divin Maître ne pouvait rester sourde à la voix qui lui avait dit : « Ton âme ne t'appartient plus, et tu ne dois penser qu'à moi, n'aimer que moi, ne vouloir, ne désirer que ce qui est conforme à ma volonté et à ma plus grande gloire. » Disciple du disciple aimé, cette Johannite devait à présent se mêler au monde, afin d'agir, de racheter les âmes, de tresser, après les guirlandes fleuries de sa cellule, la guirlande surnaturelle de ces âmes qu'elle savait purifier, sauver, amener vers Celui dont elle portait la livrée.

Elle exerça d'abord dans sa famille et tout autour d'elle ce don merveilleux d'influence spirituelle, que servait un tact moral, une science innée des âmes, une clairvoyance inouïe sur l'état moral du prochain. Frère, belle-sœur, en avaient la preuve, quand Catherine leur dévoilait sa pénétration et leur disait : « Tu viens de pécher », ou « Tu viens de te purifier. » Et des miracles domestiques, humbles reflets de l'Évangile, multipliaient le pain pour les pauvres, faisaient couler le vin des tonneaux taris par la charité. Entre 1366 et 1368, deux années délicieuses s'écoulèrent, où Catherine, arrachée aux contemplations solitaires par l'ordre de son divin Maître, s'est remise, dans sa famille encore intacte, à vivre pour les autres, à les aimer, à les conduire.

« Dieu seul, a dit son confesseur, pouvait la faire obéir en ceci[1]. » Elle s'entendait dire : « Voici l'heure du dîner, ceux de ta maison vont se rendre à table, va les rejoindre, tu me reviendras ensuite. » Larmes, sanglots n'y pouvaient rien ! Dominicaine, elle devait agir suivant l'ordre du saint qui a fondé la milice de l'action. Elle discutait : une femme ne saurait être « utile aux âmes ». Mais Celui qui a suscité les apôtres parmi les simples d'esprit et les gens de peu, ne savait accepter cette excuse ; l'apostolat de la femme était la mesure même de son opinion sur les téméraires et les aveugles auxquels il envoyait de tels guides.

La récompense d'un retour à la vie mondaine, la compensation d'un si dur effort, ce fut d'être appelée plus ardemment encore à la Sainte Eucharistie. Cette fille sublime de saint Thomas d'Aquin ne cessa plus d'éprouver cet élan vers la communion qui est le suprême bien de l'âme chrétienne. Qu'importait, dès lors, la vie matérielle ? Au moment même où ce fantôme dérisoire qu'est le corps accomplit son office le plus vil, l'âme

[1] R. de C. II, I.

peut être haut, et loin, et ne plus guère sentir ce que son triste compagnon doit faire pendant ce temps-là.

Et voici qu'un jour, Catherine, en vraie Cendrillon, tournait la broche à la cuisine. Elle surveillait un de ces rôtis toscans, qui sont tout un ouvrage de patience et de friandise; elle, à qui l'odeur de la viande faisait lever le cœur, un tel office devait lui répugner entre tous les autres. Soudainement, elle tomba dans une de ces extases si fortes qu'elle y prenait l'apparence et la rigidité du cadavre. Sa mère avait failli lui rompre les vertèbres du col, en cherchant un jour à la déraidir. Cette fois, sa compagne dans la cuisine était sa belle-sœur Lisa, brave personne un peu légère, mais qui devint sa plus fidèle amie; Lisa tourna la broche à la place de l'extatique. Le rôti vint à point, la famille le dévora ; Catherine restait toujours dans son ravissement. Lisa nourrit la maisonnée, coucha tout le monde, et revint voir ce que faisait Catherine : elle la trouva qui s'était affaissée dans l'âtre, parmi les braises. Et pourtant, aucune trace de brûlure; comme le cierge de l'église, qui était une fois tombé sur son voile sans l'enflammer, les charbons ardents avaient épargné la visionnaire.

Elle restait, en vivant dans cette bonne maisonnée de Siennois, la fille près du peuple, qu'il fallait pour l'apostolat. Elle ne craindra jamais ni les mots ni les choses qu'il faut corriger, et que les mots désignent. Elle raillait son ennemi, le diable, d'un surnom que Dante lui inspirait : au chant XXI de l'Enfer, un démon s'appelle *Malacoda*, Malequeue. Elle donnait au diable, son adversaire, le sobriquet de Malepoche, *Malatasca*. Quand il cherchait à la brûler, la jetait dans l'âtre, lui faisait choir sur la tête un réchaud plein de tisons, elle répétait, en riant : « Mausac, Malepoche, *Malatasca !* » c'est lui, la gibecière aux âmes mauvaises.

La grande joie de Catherine était de prodiguer aux pauvres[1] tout ce que lui donnait son père. Chez les plus dignes d'intérêt, ceux qui se cachent de souffrir, elle se plaisait à porter froment, huile ou vin, en cachette, s'enfuyant comme une voleuse. Un jour de grosse maladie, toute enflée, impotente, elle ne laissa point de remplir pour une pauvre voisine veuve et misérable un fiasque d'huile, un autre de vin, un sac de froment, un panier de provisions, et elle trouva le moyen de porter ce faix qui allait à près de cent livres ; dès que la cloche du matin, qui rouvrait aux gens le passage dans les rues, tinta son premier coup, elle descendit et sortit pour aller faire sa bonne œuvre. En chemin, le fardeau se mit à peser, elle se traîna jusqu'à l'huis de la veuve, et

[1] Maintenant encore, le jour de sa fête, et durant toute la semaine qui suit, les Siennois ouvrent librement leurs portes aux indigents.

jeta les denrées à terre dans l'intérieur du logis. Elle voulut se sauver, suivant son habitude. Mais elle restait épuisée, malgré ses instantes prières à Celui qui avait permis son escapade ; enfin elle put se traîner et se remettre dans son lit. Mais la pauvre femme qu'elle avait obligée avait reconnu son habit.

Une fois, à Saint-Dominique, elle donnait à un mendiant la petite croix d'argent qui pendait à ses patenôtres, car elle n'avait jamais de bourse sur elle, et le pauvré se faisait pressant, refusait de la suivre jusqu'à la maison. La nuit suivante, elle vit le Sauveur en songe : il lui montrait une croix pareille à la sienne, mais tout ornée de pierreries. Et il la lui promettait pour le jour du Jugement.

Ne lui apparaissait-il pas, ce divin Maître, dans cette même église de Saint-Dominique, sous la forme d'un jeune pélerin, misérable et demi-nu? Elle se dépouillait pour lui, par ce grand froid qu'il faisait, d'une tunique en chaude laine, et comme il réclamait du linge, elle allait piller les armoires de la famille, dévalisait père et frères de leurs caleçons, L'insatiable mendiant réclama des manches pour sa tunique ; et elle saccageait une tunique neuve, afin de le satisfaire. Alors il voulut un habit pour un compagnon qu'il avait à l'hospice. A ce coup, Catherine dut refuser, elle n'avait plus que le dernier vêtement dont elle était couverte. « Vraiment, mon cher ami, dit-elle avec regret, s'il m'était licite de demeurer sans cette robe-ci, je vous l'offrirais de bien bon cœur, mais, cela n'étant point possible, et ne pouvant meshuy trouver autre part un autre vêtement, je vous prie de ne point trop prendre à cœur mon refus, car j'aurais fort aimé vous accorder toutes vos demandes. » Le petit pauvre du bon Dieu se prit à sourire : « C'est bien, dit-il, à cette heure je vois que volontiers me donneriez tout ce que vous pourriez ; tenez-vous en santé. » Comme il s'en allait, Catherine soupçonna que c'était Notre-Seigneur Jésus-Christ. Toute troublée, elle rentra se prosterner devant la Croix. La nuit suivante, le Sauveur lui apparut ; c'était le pauvre garçon de la matinée, il tenait la tunique, à présent rebrodée de perles et de joyaux, il tira de la cicatrice qu'avait laissée à son côté la lance du Calvaire un habit couleur de sang, et en revêtit Catherine, et dès lors, la vierge privilégiée ne sentit plus les intempéries. Elle ne porta sur son linge qu'une simple robe, l'hiver comme l'été. « Les sens ne lui marquaient point qu'une autre tunique lui fût nécessaire[1]. »

Avec les pauvres, les malades. C'est la loi même du Seigneur, ce sont, au vrai, les membres souffrants de Dieu. Elle observait à la lettre les

[1] R. de C. II, III.

préceptes de l'Évangile : « J'étais nu, et tu m'as couvert... Donne à quiconque te demande... Vendez ce que vous avez et le donnez en aumône[1]... » Il lui fallait aussi pratiquer les plus difficiles : « J'étais infirme, vous m'avez visité... Guérissez les malades... Si donc je vous ai lavé les pieds, moi votre Seigneur et votre Maître, vous devez aussi vous laver les pieds les uns aux autres[2]. » Elle commença par celui-ci : « Nettoyez les lépreux[3]. » Ils n'étaient pas rares dans ces âges sordides. Et chacun les fuyait, même en Italie où leur réclusion était moins sévère qu'aux pays du Nord.

Cecca la lépreuse allait être proscrite de Sienne, à cause de son mal qui croissait toujours. Catherine se mit à la visiter matin et soir. Elle lui préparait à manger, elle la servait de ses mains. Sa mère, qui représentait la raison pratique, lui remontrait sans cesse qu'à toucher telle infection elle la gagnerait sans faute ; sans compter que l'horrible créature, fétide et repoussante, avait l'âme aussi laide que son corps, brocardait injurieusement Catherine pour le plus léger retard et ne se gênait pas, avec l'impudence effroyable des grands malades quand ils sont mauvais, pour l'accabler de ses insultes : « Salut, lui disait-elle,

[1] S. Mathieu, xxv, 36. — S. Luc. vi, 30, xii, 33.
[2] S. Mathieu, xxv, 36, x, 8. — S. Jean, xiii, 14.
[3] S. Mathieu, x, 8.

dame et reine de Fontebranda, souveraine du quartier. C'est avec les Frères sans doute que vous avez passé toute votre matinée ? Eh ! Madame est insatiable de ces moines ! » Catherine, sans la reprendre, s'activait pour la satisfaire. Et les défenses de Lapa n'y pouvaient mais.

Un jour, la lèpre apparut aux deux mains de la jeune fille. Et « tous les siens en eurent grand scandale[1] », on peut le croire sans peine. Elle ne quitta point sa tâche, et elle guérit avec l'aide de Dieu. La lépreuse mourut, Catherine l'ensevelit, et son dévouement effroyable fut récompensé ; les deux mains se refirent plus belles que jamais.

Une communauté de femmes, et de vieilles femmes, ne va point sans méchantes langues ; il y avait Palmerina, la pénitente dominicaine qui appartenait à l'hôpital de la Miséricorde. Elle haïssait Catherine, l'exécrait en toute occasion et la dénigrait sans relâche. Palmerina tomba malade. Elle n'en fut que plus atroce, et Catherine s'essayait à la désarmer par ses bons offices et par sa déférence. Mais la répugnante mégère s'obstinait ; elle était toujours pire d'âme et de corps, si bien qu'elle allait mourir sans être munie des sacrements. Alors Catherine, enfermée dans sa cellule, implora, durant l'ago-

[1] *Legg. min.*, IV, 55.

nie interminable de la furieuse, Celui qui chassait les démons et redressait les possédés. Sûre que le ciel consentait, elle accourut auprès de la mourante : Palmerina, transfigurée, salua l'ange de lumière et mourut en grande contrition, réconciliée avec Dieu.

Le Saint-Esprit récompensa sa servante en lui montrant dans sa beauté surnaturelle l'âme qu'elle avait amenée à la rédemption finale. Et dès lors, par un sentiment inouï du tact spirituel, « les sens intérieurs de Catherine percevaient l'état des esprits, comme ses sens extérieurs l'état des corps. Une lumière lui permettait de voir la beauté ou la repoussante laideur des âmes qui se présentaient devant elle [1]. » Plus avancée dans la vie, elle disait un jour, après avoir rencontré une femme hypocrite, dont l'apparence honnête cachait les mœurs détestables : « Si vous aviez éprouvé l'infection que je ressentais moi-même tandis que cette femme-là me parlait, vous auriez été pris de nausées. » Elle démasquait rudement les cafards et les mielleux qui croyaient la tromper, et certes cet instinct qui lui décelait la puanteur intime des vices devait être aussi pénible pour elle que dangereux pour les coupables. Combien de fois a-t-elle dû souffrir de ce terrible don ?

[1] R. de C. II, IV.

Une autre épreuve lui était réservée, et cette fois encore elle la rencontra parmi les sœurs de la Pénitence. C'était, sans conteste, un troupeau de brebis mêlées, et les galeuses ne semblent pas y avoir manqué. Cette Andrée, qui la tortura, souffrait d'un mal immonde, ulcère fétide ou chancre du sein. On la fuyait comme la peste, dont elle offrait l'image et l'odeur. Catherine se mit dès lors à son service, l'essuyait, la lavait, la pansait. Affreux devoir, qui la révoltait dans sa chair et lui retournait l'estomac. Elle se dompta, vint à bout de ses nerfs bouleversés, par un acte si héroïque, d'une vertu si triomphale, que la plume n'en peut écrire, ni l'imagination supporter la trop effroyable splendeur. Dénués des forces qui firent agir une sainte, nous éprouverions, à décrire son action surhumaine, les nausées qu'elle avait pu vaincre, elle, avec la grâce de Dieu [1].

Eh bien, — ignominie des âmes putrides, — la sale patiente, dûment baisée par Catherine en son horrible plaie, se mit à soupçonner la sainte enfant qui lui consacrait sa vie et s'attelait à son cadavre. L'orde vieille diffama, près des autres sœurs, la vertu de sa jeune garde-malade. La quittait-elle ? C'était pour aller se souiller dans des plaisirs charnels. Naturellement, les autres

[1] R. de Capoue, II, IV. — *Legg. min.* IV, 59.

vieilles femmes donnèrent créance aux tristes propos. Catherine fut sommée de comparaître devant les Parques dévotes, on l'injuriait, on l'accusait d'avoir failli à son vœu de virginité. Modeste, elle se contentait de répéter devant l'inqualifiable tribunal : « Mesdames et sœurs, en toute vérité, par la grâce de Jésus-Christ, vierge je suis. » Et les matrones n'obtenaient point d'autre réponse à leurs questions empressées, faites sans doute avec une délectation sénile.

Elle ne quitta pourtant pas celle que sa mère, Lapa, justement indignée, nommait « la puante vieille ». Elle finit par vaincre l'obstination d'Andrée. Une vision ouvrit les yeux à la vieille, et son repentir fut tel que Catherine dut s'ingénier à lui rendre le calme. La malade se consacra d'ailleurs à réparer ses torts, elle fut aussi véhémente dans sa conviction nouvelle que dans sa calomnie d'antan. Et ce fut là, pour Catherine, une source de grâces nouvelles, de nouveaux triomphes. « Aussi inconnues, comme le dit son confesseur, aussi cachées aux âmes ordinaires que les couleurs aux aveugles, ou l'harmonie des sons aux sourds », de telles merveilles se laissent à peine pressentir aux heures les plus favorables ; on devine, alors, ce que signifie ce geste où Catherine put approcher ses lèvres chrétiennes de la plaie divine, elle qui avait mérité, par l'héroïsme de sa chair pliée au contact d'un mal immonde, la purification suprême, et la faveur de poser sa bouche sur la blessure du Sauveur.

La famille de Catherine allait connaître les épreuves capitales, mort et ruine. Ce fut, d'abord, l'excellent Jacques Benincasa, l'homme de paix, le chef de famille, qui tomba malade dans l'été de 1368. Catherine vit ce bon père s'acheminer vers la mort ; ce qui se passa dans son âme à ce moment ne nous appartient pas, et nous n'oserions, en ceci comme en bien d'autres circonstances, reprendre les assurances intrépides que prodiguent les écrivains du moyen âge. Catherine pouvait redire, dans le malheur qui atteignait sa famille, les paroles de l'Ecriture : « Les âmes des justes sont dans la main de Dieu, elles ne seront point touchées par le supplice de la mort[1] ». Jacques Benincasa était un juste : accablé par les chaleurs infernales de l'été siennois, il cessa de vivre le 22 août 1368[2]. Peut-être les revers de son parti, qui allait être vaincu, les infortunes qu'il pressentait pour sa famille, tant de soucis poignants avaient hâté la fin du vieux père. Heureux ceux qui meurent avant d'avoir vu la disgrâce, la déchéance et la misère !

Les frères de Catherine appartenaient à ce

[1] Sap. II.

[2] Nécrologe de S. Dominique de Sienne, ap. *Legg. min.*, 209. Ce qui suit, *ibid.* 209-214.

gouvernement des Douze, qui allait perdre le pouvoir. Le 2 septembre, la turbulente Sienne rentrait en émeutes; le gouvernement populaire était vaincu par les nobles qui le renversaient, mais des luttes sanglantes disputaient une victoire toujours incertaine. Catherine sauva ses frères ; elle comprit qu'ils seraient mis à mort s'ils cherchaient un refuge, comme tant d'autres, à l'église Saint-Antoine ; elle prit son manteau, descendit dans la rue, se mit au milieu des siens et les mena, tout droit, au travers des partisans ennemis qui s'arrêtaient et la saluaient avec révérence, jusqu'à l'hôpital Sainte-Marie de la Scala, où elle les remit sains et saufs entre les mains du Recteur : « Restez ici cachés trois jours, leur dit-elle, et puis, au bout des trois jours, venez à la maison en toute sécurité. » Ainsi fut fait ; la cité se « rabonacit » au bout de trois jours, et ceux-là seuls se trouvèrent avoir été pris et massacrés, qui avaient cru trouver le salut à Saint-Antoine. Les Benincasa s'en tirèrent avec une amende, cent florins d'or.

On les rappela, tout au moins Barthélemy et le frère aîné, aux offices de la Commune; mais ils se sentaient ruinés, perdus, venus à rien. Ils avaient une succursale, « boutique » à Florence ; ils s'expatrièrent. Leur supplique[1] du 16 oc-

[1] Provvis. del Com. di Firenze, vol. LIX. Arch. di Stato.

tobre 1370 pour obtenir le droit de cité florentin fut accueillie ; « Benincasa, Barthélemy, Etienne, frères Benincasa, fils de feu Jacques, teinturiers originaires de Sienne », devinrent Florentins. Ils n'en furent pas plus riches, et la misère les suivit au *Corso dei tintori*, où ils lavaient leurs laines sur les grèves de l'Arno. En 1397, ils devront 875 florins à des associés. Les débris de la famille qui demeurèrent à Sienne ne prospéraient point davantage. Au XVe siècle, ils étaient à l'aumône de la Commune. Catherine avait prié Dieu pour la perte de tous les biens temporels dans sa famille, car les gains des marchands lui paraissaient illicites. Elle fut exaucée. « Je vous le dis en vérité, malaisément un riche entrera dans le royaume des cieux[1]. »

La pauvre mère de famille, Lapa, d'âme fort terre à terre, était accablée par tant de malheurs. Elle se renfermait dans sa maison noire et déserte, n'ouvrait plus aux pauvres. Mais Catherine la rappela de la mort physique, d'abord, où la plongeait une léthargie périlleuse ; de la mort spirituelle aussi, car elle avait entendu sa mère, cette mère qu'elle avait pu ranimer, se roidir contre le salut et refuser les sacrements, en criant pour sa guérison terrestre. Et elle l'amenait à la conversion plénière, Lapa revêtait le manteau des

[1] S. Mathieu, XIX, 23.

dames Pénitentes, et désormais suivait sa fille en tous lieux où elle pouvait, en toutes choses qu'elle devait. Robuste jusqu'à survivre quatre-vingt-neuf années durant, la vieille dame fut honorée par un bref du Pape Grégoire XI qui lui est adressé en même temps qu'à Lisa, sa belle-fille « veuves siennoises, sœurs de la Pénitence du B. Dominique [1] ». En effet, « Lisa Bartoli Jacobi », Lisa femme de Barthélemy, fils de Jacques, ancienne déjà dans l'Ordre, — ce qui montre que le veuvage n'y était pas indispensable à l'origine, — formait, avec sa belle-mère, une sorte de petite communauté familiale autour de Catherine.

Et sans doute Catherine, la vierge sage, écrivait : « Fuyez le souvenir du monde, de votre père, de vos frères, et de vos sœurs et de vos parents. Recordez-vous-les par désir de leur salut, avec saintes oraisons ; mais d'autre manière, non [2] ». Sans doute, elle suivait le précepte donné : « Je suis venu pour séparer l'homme contre son père, et le fils contre sa mère... Qui aime son père ou sa mère plus que moi, n'est pas digne de moi [3] ». Elle savait qu'il est écrit : « Si quelqu'un vient à

[1] *Lettres de S. C.*, tr. par E. Cartier, Paris, 1886, t. III, p. 265, note 1.

[2] *Lettere*, p. 82, col. 1, à dom Pierre de Jean de Viva, chartreux à Maggiano.

[3] S. Mathieu, XI, 35-37.

moi, et ne hait point son père, et sa mère, et sa femme, et ses fils, et ses frères, et ses sœurs, si même encore il ne hait point son âme, il ne peut être mon disciple [1]. » Mais, sans tomber dans les excès d'une sympathie condamnable pour les affections terrestres, elle savait fort bien gronder son frère aîné de son ingratitude envers leur mère [2], et veiller sur les siens.

Cependant, le rôle auquel Dieu la destinait, n'était point là. « L'exercice auquel je t'ai préposée [3] », lui disait la voix souveraine, « c'est d'offrir de nouveau ta vie, sans trêve ni repos ; c'est la tâche où je t'ai destinée, et te destine, toi et tous ceux qui te suivent et suivront. » Et cette tâche, ce sera la rédemption morale, le salut du prochain pour l'amour de Dieu, par l'exemple, les exhortations, la mise en commun des trésors qui sont départis par la main divine, en échange des sacrifices et des oraisons accumulés par Catherine.

Elle était alors, insistant sur les jeûnes et les veilles et les prières, telle que l'a peinte Andrea Vanni dans l'image qui subsiste sur la muraille de Saint-Dominique, à la chapelle des Voûtes, là même où Catherine prit l'habit. Image unique, peinte par un maître excellent (en 1367), qui

[1] S. Luc, xv, 26.

[2] *Lett.* p. 277, col. 2.

[3] *Lett.* 130, col. 1.

l'avait trouvée en extase et avait pu saisir dans sa fresque la fugitive ressemblance d'une figure surhumaine [1]. Catherine a vingt ans ; mais quel âge peut-on donner à la créature émaciée, au regard absent, qui se penche vers une femme dévotement agenouillée ? Réelle image, faite d'après l'être vivant, et aussi symbole éternel, qui nous offre la sainte femme, l'intermédiaire entre Dieu et l'humanité. L'art siennois du moyen âge, qui pour un artiste chrétien est peut-être au-dessus de tous parce qu'il exprime le rêve mystique et transfigure notre chair, cet art délicat et fragile a trouvé son dernier motif dans cette figure inspirée d'idéal et pétrie d'un limon plus fin, comme sublimée par une existence immatérielle au possible. Catherine, sous cette forme épurée, va dominer son temps, diriger ses fidèles, mater ses ennemis. La foi, la charité, l'ont façonnée pour une tâche militante. Elle entre au combat, et elle n'en sortira plus.

Elle a le droit d'écrire : « J'ai cherché, je cherche continuellement votre salut, d'âme et de corps, ne regardant à nulle peine, offrant à Dieu de doux et amoureux désirs avec abondance de larmes et de soupirs afin de m'opposer par cette réparation, d'être un rempart tel que les jugements divins ne viennent point sur vous, ces ju-

[1] Capecelatro, II, 81, note 4.

gements que nous méritons par nos iniquités... Je veux pleurer sur votre aveuglement[1]. » Et ceci s'adresse au gouvernement de Sienne. A ce disciple même, ce Vanni qui l'a si bien peinte, comprise si fidèlement, elle peut dire, lorsqu'il prend la capitainerie du Peuple : « Je ne vois point comment nous pourrions bien régir autrui, si premièrement nous ne nous gouvernons bien nous-mêmes... Le juste ne laisse de côté la justice pour nulle cause, mais bien selon son pouvoir il l'observe, cherchant, en ce qu'il doit faire, l'honneur de Dieu, le salut de son âme et le bien universel de tous ;... ainsi doit-on faire et s'employer à vouloir maintenir soi-même et la cité en paix, et conserver la sainte Justice ; car c'est seulement par le manque de justice que sont venus et viennent tant de maux. Et c'est pourquoi moi, pleine du désir de la voir en vous et de la maintenir en notre cité, et que ladite cité soit régie et gouvernée avec ordre, j'ai dit que je désirais vous voir juste et vrai gouverneur[2]. »

Au Palais Public de Sienne, on peut lire sous les pieds de la Madone qui trône au centre de la fresque peinte par Simon Martini ces quatre lignes :

« Mais si les puissants aux faibles se font cruels,
Les grevant ou d'insultes ou de maux,

[1] *Lett.* 201, ed. Gigli.
[2] *Lett.* 212, éd. Gigli.

Vos oraisons ne sont point pour ceux-là
Ni pour quiconque égare ma Cité. »

Et la Justice, si magnifiquement louée par la siennoise Catherine, étale sa puissante image, peinte par Ambroise Lorenzetti, sur les mêmes murailles où Catherine voulait la voir vivre au milieu des conseils.

Il s'agissait de mettre tout en œuvre pour l'effort divin. Catherine se prodigua d'abord autour d'elle ; la tâche n'était pas plus facile pour être proche. Elle savait qu' « un prophète n'est sans honneur que dans sa patrie et dans sa maison et que nul prophète n'est accueilli dans sa patrie[1] ». Mais elle connaissait aussi l'ordre donné par le Sauveur : « Prenez sur vous mon joug et recevez mes leçons[2] ». Déjà le « mal de flanc », l'accablait, ce mal au côté qui ne la quitta plus. Défaillante parfois, toujours souffrante, elle marcha sans trêve, crucifiée, derrière Celui qui a porté la croix pour nous. Et chacun de ses pas fit lever sur le sol aride et sanglant de Sienne et des municipes italiens quelque fleur merveilleuse, un lys du salut éternel.

Elle luttait aussi bien contre la disette matérielle qui exterminait la cité, que contre le fléau moral, blasphème, cruauté, vengeance, la haine

[1] S. Mathieu, XIII, 57. — S. Luc. IV, 24.
[2] S. Mathieu, XI, 29.

sous toutes ses formes, qui dépravait Sienne et minait les consciences des citoyens. Et c'est un André Bellanti, qu'elle sauve d'une mort ignominieuse, la mort du riche qui blasphème après avoir gaspillé sa vie. Le frère Thomas de la Fonte suppliait Catherine d'intercéder pour l'impénitent ; elle finit par obtenir du Sauveur si longtemps bafoué par le misérable Pharisien, qu'un rayon de la lumière éternelle pénétrerait cette âme en perdition. Le mauvais riche accepta de se confesser, et il reçut les sacrements, le 16 décembre 1367, lui qui « avait foulé aux pieds un crucifix [1] ».

Deux criminels allaient au supplice, la chair tenaillée par le fer rouge, blasphémant Dieu, la Vierge et les Saints. L'affreux cortège des bourreaux et des condamnés passait devant la maison d'Alessia Saracini, l'une de ses plus chères filles spirituelles, qu'elle « enfantait » au service de Dieu [2] ; sœur Alessia, paisible et « grassouillette », « grassoccia, » s'était mise à la fenêtre ; elle cria vers Catherine qui était au fond de la chambre : « Ma mère, viens voir une chose fort pitoyable. » Non seulement l'horrible spectacle apparut à la vierge terrifiée, mais encore une troupe de démons qui excitaient les coupables à se damner. Une lutte s'engageait entre les prières de Catherine et

[1] *Suppl.* ch. IV.

[2] *Lett.* 205 ; v. enc. 141-143.

les esprits du mal ; enfin, vers les portes de la ville, les deux moribonds éprouvèrent la miséricorde divine. Leurs âmes s'ouvrirent au feu de la rédemption, et ils se confessaient à haute voix, et « ils allèrent à la mort comme s'ils fussent invités à un grand banquet »[1].

C'est pendant un voyage de Lapa chez les Benincasa devenus Florentins que Catherine était venue s'établir au logis de sa chère Alessia Saracini. Sans relâche occupée à sauver ses concitoyens, et même les hommes d'église, les chanoines du Dôme, holocauste perpétuelle et volontaire pour la rédemption des âmes et le salut de la patrie, l'ardente fille accumulait ces forces irrésistibles d'action et de purification qu'elle va bientôt prodiguer sur l'arène des grands combats religieux et politiques. De vieux pécheurs endurcis, comme François Saracini, le beau-père de son amie, lui résistaient d'abord, des gens qui, vieux et décrépits, à quatre-vingt-deux ans, ne s'étaient confessés qu'une seule fois dans leur lointaine adolescence. Ils riaient d'elle. Et puis, la grâce les prenait, et l'on voyait le rude vieillard déposer même cette haine qui le menait depuis tant d'années, et s'en aller, un faucon sur le poing en signe d'hommage, s'incliner devant un prieur de couvent, son « cruel

[1] *Legg. min.* 91-92.

ennemi ». Le prieur acceptait l'oiseau « chéri sur toutes choses », et François Saracini, devenu dévot au rosaire, mourait pieusement dans l'année même [1].

C'est alors qu'autour des Saracini, Catherine a connu ce fougueux, cet inquiet disciple, Neri des Pagliaresi, c'est-à-dire Rainier fils de Landoccio Pagliaresi [2]; c'était un grand ami du frère Thomas Caffarini, dominicain entré dans l'Ordre à quatorze ans, et c'était un des jeunes citoyens que surchargeaient les haines héréditaires, les vengeances à prendre par succession familiale. L'intervention de Catherine « libéra divinement » Neri de ce fardeau funeste, et il s'attacha pour jamais à celle qui lui avait pacifié la conscience. Il fut un de ses secrétaires favoris en même temps que le compagnon « indéfectible » de ses voyages [3].

Cet homme qui finit Prieur à la Chartreuse de Pavie, en 1424, fut peut-être le premier Siennois qui ait écrit sous la dictée de Catherine. Car elle préféra toujours, même après avoir reçu le don divin de l'écriture, employer la plume des autres et les laisser suivre au galop ses torrentueuses extases. Au reste, un grand nombre de ces lettres, qui se comptent par plusieurs centaines, portent

[1] Martène et Durand. *Processus*, VI, 1337-9.

[2] *Legg. min.* 350, n. 10.

[3] *Legg. min.*, 350-351, n. 10; tém. de Caffarini, ap. *Suppl.*

la mention : « Dictée en extase, faite en abstraction. » Et le mot italien qui marque la séparation du corps abstrait de l'esprit, définit avec justesse un état qui ne conviendrait nullement à l'exercice de l'écriture ; comment pourrait-on concevoir qu'une personne plongée dans le ravissement et comme jetée hors d'elle-même, suivît, la plume à la main, le progrès de ses mouvements surnaturels et les notât ?

Or, c'est justement cet élan surhumain, cette puissance de persuasion, cet écho des voix souveraines, que conservent pour nous les mille et mille pages où s'est épanchée Catherine. Durant ces effusions ferventes, au milieu d'extases qui se prolongeaient six heures et plus [1], « les sens de son corps suspendaient toutes leurs fonctions ». Mais la créature formée pour la vie militante conservait la faculté de rendre pour autrui ces entretiens sacrés ; les plus parfaits ne parvenaient que par bribes, mais ce qui reste suffit encore pour édifier et pour éblouir les âmes moins privilégiées. Parfois, en relisant ces pages brûlantes, on croit l'entendre encore, on sent les battements d'un cœur « ardent en elle, tandis que le Seigneur lui parlait en chemin [2]. » Elle est de ceux qui transmettent au prochain plus faible la lumière qui fera dire : « Et leurs

[1] *Suppl.* V, 12.

[2] S. Luc., XXIV, 31.

yeux se sont ouverts et ils le reconnurent. »

Celle qui pouvait dire avec saint Paul, son guide préféré : « Notre conversation est dans les cieux », rapportait aux âmes terrestres cette conversation céleste ; aussi lui fallait-il correspondre avec la famille absente, avec les disciples égrenés loin de Sienne par les hasards de l'existence. Premiers pas dans la voie de l'action humaine, qui la menaient bientôt plus loin, puisqu'elle prélude dès lors à l'action générale sur la politique et sur le Saint-Siège.

Durant la mort passagère que lui avait produite la plus violente des extases [1], en présence de cinq disciples, elle avait entendu le Sauveur lui dire : « Je te donnerai une langue savante et une sagesse infuse, et une lumière surnaturelle, que personne ne te saura faire résistance. » Elle s'essaya, dans cet ordre nouveau des affaires humaines, sur l'esprit du cardinal-légat Pierre d'Estaing, envoyé par Grégoire XI pour pacifier Bologne. Cardinal d'Ostie, ce Français du Rouergue, un bénédictin, ancien évêque de Saint-Flour et archevêque de Bourges [2], avait peut-être connu Catherine de Sienne, dans un de ses voyages vers cette Rome où il devait pré-

[1] *Legg. min.*, VI.

[2] C'est lui qui s'employait en vain, à Bologne, pour extirper de la Faculté un vice essentiellement universitaire. *B. da Imola. Com. Inferni*, ch. XV, t. I, p. 523.

parer le retour du souverain Pontife[1]. Il ne faut point chercher, quoi qu'on en ait pu dire, dans les deux lettres adressées à ce cardinal, ni presque dans aucune lettre de Catherine, les renseignements historiques ou la moindre clarté sur les faits réels. C'est à la pure doctrine chrétienne, à l'amour désintéressé pour le divin Maître, à la suprême charité, que la vierge persuasive veut amener et fait appel. Elle sait bien que les clartés humaines viennent, par reflets intermittents et misérables, d'une lumière qui rayonne par éclats, comme les sphères du Paradis dantesque où fulgurent des âmes saintes. Elle sait que cette lumière sera d'autant plus clairement révélée que l'âme, exhaussée par ses exhortations, sera plus pure et plus aimante ; et c'est uniquement à l'épurer, à l'exalter, qu'elle s'emploie : les actes suivront, si celui qui agit sait se rendre digne de voir le Seigneur « entrer sous son toit ».

Le troupeau choisi des disciples siennois s'augmentait sans cesse, attiré par les effets d'une sainteté qui croissait de jour en jour ; on sentait, on voyait Catherine entrer de plus en plus dans sa vocation suprême. Et, nobles comme François Malavolti, jusque-là vicieux et menteurs, ou prosaïques citoyens tels que le notaire Guidini, tous

[1] Flavigny, 147.

ceux qui l'approchèrent lui remettaient entre les mains les décisions de leur vie morale et matérielle. Inspiratrice, guide et conseil, elle les pénétrait dans le tréfonds des secrets pensers, elle les redressait, elle les animait aux vraies tâches et aux œuvres saintes. « Dieu, — dit un éloge d'autant plus sûr qu'il vient d'un notaire émérite, et d'un voisin qui habitait le quartier de Fonte Ovile, près le corps de garde, — Dieu tira dehors pour le monde une nouvelle étoile, pleine vraiment de l'Esprit saint. Ce fut la vénérable Catherine, bienheureuse et sainte, et sanctissime et béatissime, laquelle se nommait Catherine, fille de Madame Lapa de Fontebranda, mantelée du couvent de Camporeggi, vers laquelle par le moyen de Neri de Landoccio et Nigi de Doccio, ses fils spirituels, je fus mené ; et si alors, et si depuis, j'ai entendu de Dieu, par son entremise, « quæ non licet homini loqui » ; si bien que l'on ne pourrait croire telle chose d'une femme, à moins de l'avoir entendue. Dieu, pour sûr, renouvela en elle le Saint-Esprit[1]. »

Sous le « gonfalon de la Très-Sainte Croix », elle conduisait ses disciples et dans les voies spirituelles et dans les voies temporelles. Le pieux notaire, obstiné à se marier, reçut de sa main Françoise Ventura de Camporeggi. Il fit faire au

[1] Mem. di ser Cristofano di Galgano Guidini da Siena, ecc. *Arch. st. il*, IV. 1843. 1re sér., p. 26.

Dôme, près du Campanile, à la chapelle de Saint-Jacques Intercis, une fresque de Catherine avec saint Jacques, peinte par André Vanni, le parrain d'un de ses enfants. Et il admira ces trois recueils de lettres conservées à Sienne, car « cette vénérable servante de Dieu, pleine de l'Esprit saint et de charité souveraine, pour le salut du prochain mandait force lettres, tantôt à l'un, tantôt à l'autre ; et selon leur grade, et que l'on avait plus ou moins besoin pour son salut, elle écrivait parole moult hautes et importantes, et édificatives, lesquelles on ne saurait croire si l'on ne les avait vues et lues. Celle-ci, pour l'honneur de Dieu, n'avait cure de déplaire ou de plaire[1] ».

« Celle-ci disait ouvertement la vérité », répète encore ce bon connaisseur d'actes authentiques, La vérité ! c'est à quoi Catherine dévouait sa vie tout entière. Elle considéra, sans doute sous l'effet du premier retour à Rome tenté par Urbain V, que le siège de Pierre devait être ôté d'Avignon et rétabli pour tout jamais au pied des sept collines. Cette idée fixe, qui dirige son action, elle l'a conçue vers 1370, elle ne cesse de l'entretenir, et la formidable déception que causa la faillite du grand espoir et le retour du Saint-Siège en Provence, ne fit qu'exaspérer encore son désir et sa

[1] *Ib.*, 36.

certitude. La mort d'Urbain V, survenue en 1371, sembla le châtiment prédit par Brigitte de Suède. Désormais Catherine et toute la chrétienté militante de l'Italie auront les yeux fixés sur le nouveau Pontife, ce Grégoire XI, Français d'âme comme de naissance, et que l'on parviendra pourtant à tirer de France, à remettre en communion plénière avec les intérêts de l'Italie.

Le nouveau Pape commença par trouver dans Catherine une auxiliaire fervente pour la prédication de la Croisade, qu'elle ne cessa plus dès lors de propager en toute occasion. Le caractère militant de Catherine, éprouvé de plus en plus à Sienne même par les inimitiés et les calomnies qui lui faisaient expier ses privilèges spirituels, sa vie d'exception et sa croissante influence, ce caractère la poussait à regarder bien au delà des murailles natales. Elle s'employait pourtant à guérir encore les fléaux, peste morale ou peste physique, massacres ou épidémies, qui désolaient sa ville. Paix des Salimbeni, ressources contre la disette, soins pour les malades, intervention dans les émeutes, elle prodiguait tout. Pendant la peste, atteinte dans ses deux frères, Barthélemy et le cher Étienne, dans sa sœur Lisa, il lui fallait perdre encore huit de ses neveux et nièces. Elle ensevelit tout le monde, de ses propres mains. Sur chaque mort, elle répétait : « Celui-ci, du moins, ne sera pas perdu pour moi. » Elle donnait l'exemple même aux hospitaliers de la Miséricorde, à ces admirables confrères qui, voilés de masques, sous leurs cagoules, furent jadis et sont encore une gloire de l'Italie.

C'est alors qu'elle réclama du Seigneur et obtint la grâce d'une direction spirituelle avidement désirée. Celui qui sera le compagnon moral de sa vie, de ses luttes, et qui laissera d'elle une histoire précieuse dans sa terrible prolixité, ce Frère Raymond de Capoue, Raymond des Vignes, futur Général des Dominicains, venait d'être transféré, de Saint Agnès-à-Montepulciano, dans la chaire théologique à Saint-Dominique de Sienne. C'est apparemment pour la fête de saint Jean-Baptiste, en 1373, que Frère Raymond, célébrant la grand'messe à Saint-Dominique, parut pour la première fois devant sa plus illustre et sa plus fidèle Pénitente.

Ce religieux, qui mérita d'être béatifié, comprit dès l'abord le trésor qu'une telle femme apportait aux causes sacrées. Il se dévoua tout entier à cette apôtre du Sauveur et de la Charité. Il se montra digne de cette compagnie en témoignant pendant la peste un courage sans bornes. Sauvé du lit mortuaire par l'intervention de Catherine, ainsi que son fidèle Frère Barthélemy, il voyait tomber autour de Cecca Gori, l'amie des Benincasa, trois jeunes frères Dominicains, les fils de cette sainte femme.

D'autres disciples, d'autres Frères, venaient remplacer dans les rangs élus ceux que Dieu reprenait; et c'était un Simon de Cortone, conscience pure et inquiète. La troupe fervente se reformait autour de Catherine affermie maintenant dans sa vie spirituelle, sous une direction qui la rénovait.

Elle avait eu des assauts cruels, des doutes affreux sur l'essence même de la foi, sur l'Eucharistie, avant d'entreprendre ce très court voyage, au chapitre général de Florence, que lui avait imposé en mai 1374, le maître général Élie de Toulouse. A Florence, parmi les moines de Sainte-Marie-Nouvelle, celui qu'elle espérait pour remplacer Thomas de la Fonte et Barthélemy Dominici enlevés aux Pénitentes siennoises, le confesseur imploré ne se trouva point. Et voici que, dans la plus dure épreuve physique et morale, pendant la peste, au milieu des assauts démoniaques. Catherine avait trouvé le savant, l'héroïque, le fidèle Raymond des Vignes. Elle s'en revint à Sienne, de Florence, au mois de juin [1]. Elle faillit faire entre les mains de son nouveau Père spirituel la confession suprême, en août 1374, car la peste la frappa. Mais la Sainte Vierge, en son Assomption, lui révéla qu'il lui faudrait vivre encore, avant d'avoir au Paradis,

[1] *Legg. min.*, p. 224.

comme compagne spéciale, sainte Agnès de Montepulciano[1]. Catherine, avec ses amis, se hâta d'accomplir un pélerinage au tombeau de la Sainte, sur les marges de la cité féodale qui plane jusqu'au Trasimène, édifiée comme en plein ciel. Cet hommage terrestre à son amie de l'éternité lui valut des grâces nouvelles. Le Frère Raymond de Capoue, qui l'accompagnait, et qui composa plus tard une *Vie de sainte Agnès*, voyait la vérité de Dieu resplendir sur ce pur visage de Catherine; Dante n'a-t-il pas dit, devant sa douce conductrice :

« L'allégresse de Dieu semblait sur son visage[2] ».

A Sienne, outre l'œuvre constante et commune de pacification entre les citoyens, il lui fut donné d'accomplir, en 1375, un de ces actes héroïques dont l'Évangile est le principe et Notre-Seigneur le modèle. Les luttes de l'État siennois avec des aristocraties féodales, telles que la vaste et puissante race des Salimbeni, entretenaient les misères, les proscriptions, les supplices. L'assistance aux prisonniers n'était pas moins nécessaire et moins accablante pour les dames de charité que l'assistance aux malades et aux affamés. Si peu clémente à ses propres fils, on peut penser

[1] V. *Acta sanctorum Aprilis*, II, 793-4, *vita S. A. de Monte Politiano*, a B. Raimondo scr. etc.

[2] Par. XVII, 105. — R. de C. II., XII.

que l'âpre République de Sienne l'était moins encore pour les étrangers ; le cachot de la ville enfermait un jeune cavalier Pérugin, Nicolas Tuldo, qui avait suivi les troupes ou bien les ambassades pontificales à Cione Salimbeni. Il avait « mal parlé », et « sans cautèle » des magistrats en exercice ; pour ce fait, il allait mourir. Mourir, pour un méchant propos, le Toscan furieux de jeunesse n'y consentait guère, et il désespérait, jetait hors de sa prison les prêtres et les moines qui venaient pour le confesser, il allait marcher au billot avec l'injure dans le cœur et le blasphème sur les lèvres.

Catherine parut alors dans le cachot du prisonnier. Elle sut trouver le chemin du cœur fermé par la rage et la haine, elle convertit l'âme rebelle, et quelques mots suffirent, grâce à « l'Esprit du Paraclet, l'Esprit de vérité[1] », pour obtenir une confession dévote et une pleine contrition. « Si vous me faites une grâce, dit le condamné à sa rédemptrice, je mourrai plus plein de consolation que je ne fus jamais. C'est à savoir, que vous soyez présente là, demain matin, quand on me tranchera la tête. »

Elle promit. Et c'est elle-même qui a raconté comment elle tint sa promesse. « J'allai, écrivait-elle à son nouveau directeur dans une des

[1] S. Jean, XIV, 16, 17.

plus belles lettres[1], j'allai visiter celui que vous savez, et il en reçut tel réconfort, et consolation, qu'il se confessa, et se disposa moult bien, et voulut que je lui fisse promesse, pour l'amour de Dieu, que lorsque viendrait le moment du supplice, je serais avec lui : et ainsi je promis, et fis. Puis, le matin, devant que la cloche sonnât, je me rendis vers lui, et il en reçut grande consolation. Je le menai ouïr la messe, et il reçut la Sainte Communion, laquelle oncques plus il n'avait reçue. Sa volonté était accordée et soumise à la volonté de Dieu, et seulement lui demeurait une crainte de n'être point fort au moment suprême ; mais la bonté sans limites, la brûlante bonté de Dieu l'illusionna là-dessus, créant en lui une telle passion et un tel amour en désir de Dieu, qu'il ne savait rester sans Lui, disant : « Reste avec moi, et ne m'abandonne point, et ainsi je ne serai autrement que bien, et je meurs content. » Et il tenait sa tête sur mon sein.

« Moi, alors, je ressentais une allégresse, et un parfum de son sang, et qui n'allait point sans un parfum du mien aussi, lequel je désire répandre pour le doux Époux Jésus ; et, ce désir croissant dans moi-même, et sentant sa crainte à lui, je

[1] *Lett.* 125, col. 2 et 126. Gigli, 97, Tommaseo, 173. La *Legg. min.* dit justement et naïvement : « Abbiamo sopra questa materia una bella pistola. »

dis : « Prends courage, mon doux frère, car bientôt nous arriverons aux noces. Tu iras baigné dans le doux sang du fils de Dieu, avec le doux nom de Jésus, lequel je ne veux point que jamais te sorte de la mémoire ; et je m'en vais t'attendre au lieu du supplice ».

« Or, pensez, mon Père et mon Fils, que son cœur perdit alors toute crainte, et sa face se transmua de tristesse en joie, et il s'éjouissait, exultait et disait : « D'où me vient une telle grâce, à savoir que la douceur de mon âme m'attendra au lieu saint de la justice ? » Voyez qu'il était parvenu à telle lumière, qu'il appelait saint le lieu du supplice, et disait : « J'irai tout joyeux et fort ! et me paraît mille années, jusqu'à ce que j'y arrive, en pensant que vous m'y attendrez ». Et il disait tant douces paroles, que c'est à se sentir le cœur éclater de voir Dieu si bon !

« Je l'attendis donc au lieu de justice, et là, dans une continelle oraison, et présence de Marie, et de Catherine, vierge et martyre. Mais avant de le rejoindre, je me mis par terre et posai le cou sur le billot ; mais je n'eus pas le bonheur de voir mon désir pleinement accompli. Lors, je surpriai, et forçai, et dis à Marie que je voulais cette grâce, à savoir qu'à ce moment elle lui donnât une lumière, et paix du cœur, et que je le visse ensuite retourner à sa fin. Alors mon âme se trouva tellement comblée, que, force peuple se trouvant là, je ne pouvais voir personne, à cause de la douce promesse qui m'avait été faite[1].

« Puis il arriva comme un agneau plein de mansuétude[2], et me voyant il commença de rire, et voulut que je lui fisse le signe de la Croix, et quand il l'eût reçu, je dis : « Baisse-toi pour les noces, mon doux frère, tu seras tôt à l'éternelle vie. » Il se courba avec une grande mansuétude, et je lui étendis le col, et m'inclinant, je lui recordais le sang de l'Agneau divin ; sa bouche ne disait rien autre, sinon : « Jésus ! » et « Catherine ! » Et, tandis qu'il disait ainsi, je reçus sa tête dans mes mains, fixant l'œil de mon âme en la Bonté divine, et disant : « Je veux ! » Alors apparaissait le Dieu-Homme, aussi manifestement que la clarté du soleil, et il se tenait ouvert, et recevait le sang dans son sang ; et un feu de saint désir, donné, et caché dans son âme, Il le recevait par grâce dans le feu de la divine Charité. Après qu'il eut reçu son sang et son désir, Il reçut son âme, laquelle il mit dans le magasin[3] ouvert de son côté, plein de miséricorde, manifestant la vérité première, à savoir que par seule grâce et miséricorde, Il le recevait, et non pour nulle autre opération. O combien était douce et

[1] Ce fait est confirmé par un témoin oculaire, Thomas Caffarini. V. encore *Drane*, I, 265-6.

[2] Sur la marche et le lieu du supplice, sur l'ensevelissement des condamnés à Saint-Luc, V. *Legg. min.*, note 53, p. 216.

[3] Bottega.

inestimable à voir la Bonté de Dieu, avec quelle douceur et amour il attendait cette âme séparée du corps ! Il tourna l'œil de sa miséricorde vers elle, quand elle vint à entrer dans le côté baigné par son sang, lequel valait pour sang du Fils de Dieu...

« On lui voyait faire un geste doux, à entraîner mille cœurs, et point ne m'en émerveille, car déjà il goûtait la divine douceur. Il se tourna comme fait l'épouse, quand elle est parvenue à l'huis de son époux, et qu'elle retourne les yeux et la tête en arrière, s'inclinant vers qui l'a suivie, et par le geste témoignant qu'elle remercie.

« Lorsqu'on l'eût mis au repos [1], mon âme se reposa en paix et tranquillité, et dans un tel parfum de sang, que je ne pouvais souffrir de m'ôter le sang qui m'avait jailli dessus, d'auprès de lui. O malheureuse misérable, je ne veux rien dire de plus, je restai sur terre avec une grandissime rancœur, et me semble que ma première pierre est déjà posée ; et donc ne vous étonnez point, si je ne vous impose rien autre, que de vous voir noyés dans le sang et dans le feu que verse le côté du Fils de Dieu. Or donc, plus de négligence, mes fils très doux ! puisque le sang commence à verser et à recevoir la vie. »

Après un « Je veux » prononcé sous le jet de

[1] Jeu de mots sur « riposto » et « si riposó », à peu près traduisible ainsi (*riponere* et *riposare*).

sang que versait sur elle un prochain, conduit au seuil de l'éternité, Catherine, plongée dans une extase que parvient avec peine à rendre un style d'inspiration furieuse, haletant, presque frénétique, où l'on retrouve les sursauts d'agonisant et les hoquets du décapité qu'elle a tenu contre elle, — Catherine peut tout oser, tout entreprendre et tout obtenir, dans l'existence militante où elle se voue désormais sur l'ordre de son divin Maître.

« Ma première pierre est posée », dit-elle. La première pierre de l'édifice chrétien que construira sa volonté, reflet des volontés divines, durant les années brèves de sa vie terrestre ; la première pierre du temple mystique, sur lequel elle parviendra même à sceller, dans ses jours suprêmes, à la place qu'avait choisie le premier apôtre, la « pierre du sommet de l'angle[1] », après avoir remis au lieu qu'il fallait la pierre de fondation.

[1] S. Mathieu, XXI, 42, XVI, 18.

II

CATHERINE APPELÉE A PISE. SES ŒUVRES ET SA VISION. VOYAGE A L'ILE DE GORGONE. DÉBUTS DU ROLE POLITIQUE.

II

CATHERINE APPELÉE A PISE. SES ŒUVRES ET SA VISION. VOYAGE A L'ILE DE GORGONE. DÉBUTS DU ROLE POLITIQUE.

L' « artisane bénie », la « fille du Peuple » venait, en cette année 1375, d'être encouragée par le Pape; un évêque-ermite, le confesseur de sainte Brigitte, Alphonse de Vadaterra, fut l'intermédiaire entre Grégoire XI et celle qui devait prêcher la Croisade. Une Bulle pontificale avait déjà spécifié pour Catherine le droit d'avoir avec elle trois confesseurs qui écouteraient les pénitents ramenés par ses paroles.

De toutes parts on accourait recevoir ses exhortations et baiser les mains décharnées qui répandaient de si merveilleux privilèges. En ce même temps, la ville de Pise, désignée entre toutes par sa situation maritime d'alors et par ses traditions, l'appelait pour décider l'entreprise contre les infidèles et racheter le tombeau du Christ. Elle, qui commençait à correspondre avec les souverains, elle se vit prier cette fois par le chef de la République pisane, Pierre Gambacorti. C'était une famille puissante, ces Gambacorti, et de traditions guelfes[1], mais leur amitié pour Florence en éloignait les Siennois. Catherine n'hésita guère. « L'honneur de Dieu », l'inspirait seul. Elle pria pour s'éclairer. Et elle s'en alla vers Pise, premier voyage de tous ceux où elle emmenait ses disciples et les moines de sa suite; cette fois, ce fut Alessia Saracini, sa belle-sœur Lisa, Cecca Gori, qui l'accompagnèrent avec diverses pieuses dames, et la vénérable Lapa, qui ne veut plus quitter sa fille; les trois révérends confesseurs qui s'agrégeaient à la pieuse troupe, c'étaient Frère Raymond des Vignes, Frère Thomas della Fonte et Frère Barthélemy.

Et pour la première fois le petit cortège s'en alla sur les chemins de l'Italie, convoyé dans les lourds chars à bœufs, les *treggie* grinçantes et oscillantes, chevauchant mules ou bidets, parfois forcé d'aller à pied par la Maremme déserte ou de se confier aux barques plates des maraîchins toscans. L'arrivée à Pise, dans un mois printanier, fut triomphale. L'archevêque et les premiers de la ville attendaient Catherine, on lui offrait le choix entre le grand Palais Gambacorti, qui sert encore aujourd'hui de Palais communal, et le moutier des sœurs où elle avait été si souvent appelée! Elle ne voulut point aller au monastère

[1] Poggio. *Ist. fior.* I. 15, ed. de 1598, cf. *Mem. ist. della città di Pisa*, racc. da Mgr P. Tronci, Livorno, 1682, in-4°, p. 438 et suiv. — Razzi. *V. di S. tosc.*, p. 610.

que les fidèles n'auraient pu aborder, et non plus ne choisit la somptueuse demeure des Gambacorti. Tout auprès, Gérard Buonconti la reçut dans sa maison, voisine de l'Arno, proche de cette chapelle Sainte-Christine où elle devait recevoir une de ses plus grandes grâces dans l'ordre sensible.

L'église de Sainte-Christine s'élève encore, au sommet de la courbe que forme l'Arno en traversant Pise ; entre le Lung'Arno Galilée et le Lung'Arno Gambacorti, sur une place qui regarde au Nord, la vieille petite église, carolingienne d'origine, conserve la mémoire des temps où les marins, hissant la voile, se signaient devant son portail et invoquaient en démarrant, Notre-Dame-du-Pont.

On n'a pas assez dit, depuis les anciens biographes, que le séjour de Catherine à Pise fut riche principalement pour l'apostolat spirituel. Il est certain qu'elle s'y était décidée avant tout sur les instances de « certaines religieuses de Pise, merveilleusement désireuses de jouir de l'aspect et des entretiens de la vierge sainte, attendu que sa doctrine était tenue pour admirable[1]. » C'est par les voies spirituelles que cette fille de l'Evangile guérissait les malades, et confondait les docteurs pédants qui prétendaient la mettre sur la sellette. Mais aussi, ne se trouvait-elle pas plus riche tous les jours, par les trésors

[1] Razzi, *ib.*

de l'oraison ? Un vieux pilier, conservé dans l'église rajeunie de Sainte-Christine, porte encore l'inscription : « C'est ici que le Seigneur signa sa servante Catherine des signes de notre rédemption. » A cette place, le Dimanche de *Laetare*, en l'an 1375 [1], Catherine entrait en extase après avoir reçu la sainte Communion : devant un crucifix peint par Giunta, ses amis, ceux qui l'assistaient, la virent fléchir peu à peu sur ses genoux, se renverser comme morte, sous le mystérieux influx des révélations divines, Dieu lui apparaissant et la marquant à tout jamais de signes visibles pour elle seule ; plus heureuse que saint François d'Assise, elle vit exaucer sa prière, les marques divines de la stigmatisée demeurèrent cachées au monde, elle n'eut point à les céler et les panser, le sang ne coulait point, elle seule sentait et voyait.

C'est la communion du dimanche suivant qui la ressuscita pour l'activité matérielle. Il y avait alors deux monastères de Chartreux non loin de Pise ; un seul d'entre eux subsiste, cette Chartreuse de Calci, décimée par les lois funestes qui oppriment les pays latins, mais vivante encore, si les pierres vivent sans l'esprit qui les anima ; toute neuve alors, avec son église et ses cloîtres fraîchement sculptés, la Chartreuse est au pied de la Verruca formidable, comme un reliquaire

[1] Elle avait vingt-huit ans et six jours. *Legg. min.*, p. 209.

devant un monstre. Le monastère était encore inachevé, faute d'argent. Catherine, qui aimait à visiter Calci, et faisait là plusieurs disciples, obtint du Pape mille florins d'or pour ses amis les moines blancs.

L'autre moutier, né du même ordre et au même temps, s'élevait sur cet écueil sauvage de la Gorgone que Dante, appelait, avec l'île de Caprée, pour fermer les bouches d'Arno et bloquer l'exécrable Pise :

> « Ah ! Pise, opprobre des nations,
> Puisque tes voisins à te punir sont lents,
> Que se mettent en branle la Caprara et la Gorgone,
> Et fassent claie à l'embouchure de l'Arno,
> Si bien que se noie dans tes murs tout être vivant[1]. »

L'Arno, malgré ses bouches, aurait été rudement refoulé si le souhait du poète florentin avait mis en marche l'écueil hérissé, qui subsiste de l'ancienne chaîne engloutie où se rejoignaient Corse, Sardaigne et Toscane. Il n'y a plus que des pêcheurs sur la Gorgone. Le vent de mer a dispersé les pierres de la Chartreuse, comme il a fait aux Iles d'Or, au Levant, près d'Hyères en Provence. Mais au XIVe siècle, Catherine trouvait au pied des roches en monceaux une Chartreuse neuve, et un Prieur, son ami, « un Père, ce Prieur de Gorgone qui est tout justement un ange, mi-

[1] *Inf.* XXXIII, 81-84.

roir de vertu[1]. » C'était un Romagnol de Ravenne, Dom Barthélemy Serafini, le bien nommé, qui unissait aux mérites les plus angéliques, cette vigueur de caractère, cette belle trempe d'homme qui distingue la race. Catherine et ses compagnons arrivèrent le soir, encore étourdis par cette traversée de vingt milles, par ce spectacle de la mer inconnue, par l'âpre caresse des détroits méditerranéens. Cette vingtaine de personnes prit logis, les hommes au monastère, les femmes à un millier de pas environ[2]. Le lendemain matin, Catherine vit arriver le Prieur et ses moines, on lui demandait quelques paroles édifiantes. Catherine s'excusa tout d'abord, prétexta son ignorance, la modestie de son sexe. « C'est bien plutôt moi, disait-elle, qui devrais ouïr les serviteurs de Dieu, au lieu de parler en leur présence. » Mais enfin, d'instantes prières eurent raison de sa résistance, et elle fit un beau discours sur les tentations que subissent les solitaires, sur les moyens de triompher. Le Prieur, qui entendait seul la confession de ses moines, attestait au Frère Raymond comment Catherine n'aurait pu mieux choisir son argument et adapter ses exhortations, quand elle aurait connu les religieux, ainsi qu'il le faisait, au tribunal même de la pénitence.

[1] *Lett.* 297. Ce monastère avait été bénédictin. (Gardner, p. 136, n. 1.)

[2] Raymond de C., II, x, 17.

« L'Esprit-Saint parle par sa bouche, conclut l'excellent homme, émerveillé. »

Au moment de partir, elle se tourna vers le Prieur, et le prit en particulier : « Père Prieur, lui dit-elle, veillez bien sur vos ouailles ; car l'Ennemi, je vous l'annonce, cherche à faire scandale dans le monastère. » Quelque temps après, une tentation frénétique troublait un jeune religieux ; elle cédait aux prières que faisait de loin Catherine, et, pour le calmer tout à fait, le bon Prieur lui mettait entre les bras « le manteau que la Bienheureuse lui avait donné en souvenir lorsqu'elle quitta l'île [1]. »

Les religieux firent cortège jusqu'à Pise à la visiteuse qui les avait comblés de grâces. Et ils lui demandèrent sa bénédiction. Comme ils se retiraient, elle leur dit : « S'il vous arrive quelque mésaventure en chemin, ne craignez rien, car le Seigneur sera près de vous. » En effet, une de ces brusques bourrasques, fléau des mers liguriennes, les bouscula comme ils cinglaient vers l'île, le gouvernail fut mis en pièces, la barque dériva, toucha rudement par le flanc sur un des écueils qui hérissent le rivage inhospitalier, les vagues emplirent le fond du bateau, un religieux qui tentait de secourir les frères en détresse fut entraîné par

[1] Tém. de dom Barthélemy au Procès de canonisation, *loc. cit.*, col. 1304-1307. Ce manteau fut laissé par lui à la Chartreuse de Pavie où il mourut en 1413. Drane, I, 318, n. 1.

le ressac ; mais enfin tout le monde put s'en tirer, même le sauveteur, et l'esquif n'eut point d'avaries.

Catherine n'oublia jamais ses amis de la Gorgone. Plusieurs de ses lettres, entre les plus belles, sont adressées aux religieux de ce couvent.

C'est dans la même moisson d'âmes fraternelles qu'on lui vit engerber un religieux d'un autre ordre, le Camaldule de Vallombrosa, Jean des Cellules. Celui-ci avait trop connu l'ennemi ; et il s'en était fait hermite aux sombres forêts, sur les rudes escarpements de la Vallombreuse. Pendant qu'il était supérieur à Sainte-Trinité de Florence, il avait commis un tel crime qu'il s'était fait mettre en prison. Dès qu'on lui eut rendu la liberté, il résolut de consacrer tout le reste de sa vie, qui fut très longue[1], à expier dans la plus sévère pénitence. Il alla se mettre, non point au monastère même de Vallombreuse, qui n'est déjà pas gai ni chaud, mais plus haut, avec les serpents et les loups, dans ces petits ermitages, ces « cellules » qui lui donnèrent son surnom, sur ces ravins du Secchieta, tout en haut du rocher abrupt que Jean Gualbert, au XIe siècle, avait annexé à son couvent ; l'humaniste raffiné, le politique, le seigneur mondain qu'était Jean de Catignano, l'ancien Prieur de Florence, devint Jean des Cellules ; il ne laissa point cependant

[1] 1310-1396. V. d'Ancona et Bacci. *Manuale*, 1904, t. I, p. 566-569.

de diriger et de convertir les âmes, et il écrivit, avec plusieurs traités ou commentaires très savants, des lettres fortes et remplies d'éloquence. Il conserva toujours, dans les austérités, sa fougue et son intelligence éclairée, puisqu'il écrivait, en 1377, à Guy du Palais[1] engagé dans la lutte contre le Saint-Père : « J'ai su nouvelles de toi pour cette Pâques, et entendu comment tu es contraint à prendre certains offices de la Commune ; pour laquelle chose je crois qu'en ta pensée naissent souvent des doutes à cause de la guerre que vous avez avec le saint Père. Mais de douter, point ne t'est besoin là où tu dresses ton intention d'abord à l'honneur de Dieu, ensuite au bon état de ta cité. Et il t'est licite de l'aider, défendre, conseiller, tellement qu'elle ne puisse venir aux mains de ses ennemis. Si tu payes prestance, impôt forcé, que ne soit pas ton intention de le faire contre le Pape, mais pour défendre ton pays ; et grâce à cette sainte intention que tu as, tu peux discourir pour tous offices de la Commune sans péché mortel. Les excommunications sont faites pour ceux qui pèchent mortellement ; et donc, tiens pour certain que nul innocent ne peut être excommunié. Et si pourtant tu te trouvais excommunié, cela ne vaut point auprès de Dieu, lequel a coutume de suivre la sentence des pasteurs qui lient justement avec

[1] Auteur d'une belle *canzone* patriotique, et fondateur du couvent franciscain à Fiesole.

légitime raison [1]. » Admirable doctrine, et qui montre dans un tel homme une valeur capable de rehausser et d'orner encore les amitiés de Catherine. C'est l'esprit même de l'Evangile qui brûlait ces âmes ardentes, l'esprit de sainte liberté, antérieur et supérieur à toutes les choses humaines.

Catherine n'oublia plus l'écueil fauve et la mer sauvage, où l'avaient menée les Chartreux [2]. Elle devait revoir plus tard, durant des voyages plus longs, et côtoyer pendant bien des jours cette Méditerranée qui venait de lui apparaître. Mais déjà ses amis l'entendaient répéter, avec les versets du Psalmiste, « Mer, grande mer, mer spacieuse ! » des invocations nouvelles : « O mer plaisante ! ô mer pacifique ! » C'est le vertigineux attrait des calmes méditerranéens, la mer de soie, d'opale et d'or, livrée aux lumières du ciel, qui lui avait pénétré l'âme : « Sono mare pacifico » fait-elle dire à Dieu dans son Dialogue [3]. « O abîme, s'écrie l'âme dans sa dernière extase au même livre, ô déité, ô mer pleine de profondeur... Vraiment cette lumière est une mer, car elle nourrit l'âme en toi, mer pacifique, Trinité éternelle [4]. » Et la comparaison suprême est poussée là jusqu'à l'extrémité.

[1] *Lett.* ed. Sorio, 1847 ; d'Ancona, p. 568.

[2] Les moines abandonnèrent la Gorgone en 1425, à cause des incursions faites par les pirates barbaresques.

[3] LIV, p. 79, éd. de 1547.

[4] *Ib.*, p. 236, ch. CLXVII.

Elle aima toujours ses amis les Chartreux ; elle les consolait dans les plus étranges épreuves, et ne manquait point de réconforter un Frère de la Chartreuse à Rome, qui se voyait refuser par son supérieur la permission de visiter le puits Saint-Patrice, cette entrée du Purgatoire sise, comme chacun le sait, dans une île du lac Dungal en Irlande. C'est François Tebaldi, un moine de la Gorgone, qui reçut une copie du Dialogue car « elle l'aimait comme son âme propre[1] ».

De Pise, où elle achevait ce séjour de quelque six mois, elle écrivait au Pape, afin de l'encourager à faire cardinal le Frère Élie de Toulouse, général des Prêcheurs, et proposait un successeur au nouveau dignitaire. Elle s'occupait de Sienne et conseillait de loin le sénateur Pierre, marquis du Mont. L'archevêque de Pise suppliait l'Ordre de lui laisser encore Catherine. Elle résistait aux intrigues de Barnabé Visconti qui commençait à brouiller le Pape et Florence. Elle essayait d'atténuer les maux produits par la famine, de persuader une âme trouble et corrompue comme celle d'une Jeanne de Naples ; rien ne lui coûtait pour gagner un instrument à la croisade : elle traitait de « vénérable » une reine avilie[2] et fourbe, sachant bien qu'elle faisait toutes choses en Dieu et pour Dieu. Comme tous ceux qui

[1] Drane, I, 320.

[2] « Regina meretrix ». Gardner., p. 139.

veulent agir pour le bien coûte que coûte, elle recevait des reproches et des avanies même par ceux qu'elle servait. Elle exhortait les condottieri des Marches, ou bien elle tentait de décider un loueur d'armée, comme ce prestigieux Hawkwood, l'*Aguto* des Florentins, qu'on marchandait en ce moment. Màis, notre vieux chroniqueur l'a bien dit : « Gens d'armes ne vivent point de pardons, ni ils n'en font point trop grand compte, fors au destroict de la mort [1] ». En vain les conseils et les requêtes de Catherine, jusqu'en Sardaigne et jusqu'à Chypre, éveillaient la conscience chrétienne des princes. Tandis que Catherine reprenait le chemin de Sienne, en l'été de 1375, l'orage éclatait sur l'Italie. La Toscane et la Papauté, Florence et le Saint-Siège, entamaient cette lutte suprême qui faillit ruiner l'une et l'autre.

Un chrétien ne traite pas sans hésiter de tels sujets ; un chrétien de France les traite avec plus de regret encore, et, s'il plaît à Dieu, de prudence. Si je ramasse sèchement ce qu'on glane de vérités apparentes dans les vieux textes, on peut bien comprendre pourquoi. Ce n'est pas le seul sacrifice, avec le chapitre du schisme, que j'aie à faire pour étudier complètement cette existence terrestre de la sainte.

[1] Froissart, II, CCVII.

III

HAINE DE L'ITALIE POUR LES LÉGATS DU PAPE. FLORENCE ET LES « HUIT SAINTS ». ROLE PACIFICATEUR DE CATHERINE A SIENNE. ELLE EST APPELÉE A FLORENCE. ELLE EST ENVOYÉE AU PAPE, EN AVIGNON. SON RETOUR, ET CELUI DU PAPE, EN ITALIE. ELLE RENTRE A SIENNE. SA VIE MYSTIQUE ET SON ROLE DANS SA PATRIE.

III

HAINE DE L'ITALIE POUR LES LÉGATS DU PAPE FLORENCE ET LES « HUIT SAINTS ». ROLE PACIFICATEUR DE CATHERINE A SIENNE. ELLE EST APPELÉE A FLORENCE. ELLE EST ENVOYÉE AU PAPE, EN AVIGNON. SON RETOUR, ET CELUI DU PAPE, EN ITALIE, ELLE RENTRE A SIENNE. SA VIE MYSTIQUE ET SON ROLE DANS SA PATRIE.

Ainsi qu'il arrive à tout pouvoir central qui se trouve éloigné des pays qu'il gouverne, la puissance temporelle des Papes, fixés en Avignon, s'était fait exécrer par l'Italie ; elle s'y exerçait par l'entremise des Légats. Et ces fonctionnaires excitaient une haine intense, qui s'est perpétuée, avec la force tenace des rancunes italiennes, jusque chez les historiens de notre temps. Le Pogge s'accorde ici avec Léonard Bruni l'Arétin[1], comme Machiavel avec les écrivains modernes. « Le gouvernement de ces gens était altier et quasi-intolérable... Leur autorité, leurs mesures,

[1] Poggio, II, 33, 38 ; et Bruni, VIII, 166 ; Machiavel. *Ist. fior*,. I, III. 134.

n'étaient point de paix, mais de guerre, et l'Italie jà se trouvait pleine de gent ultramontaine. La haine universelle de toutes les provinces et cités de l'Église contre le superbe, fastidieux et bestial gouvernement des Franciots, et leur avarice plus grande que celle d'aucun cruel tyran... pleins d'avarice et de superbe. » Tel est le verdict unanime des Italiens. Et les maîtres de la critique florentine la plus récente ne parlent point autrement! Pour l'un, cette guerre nommée par Florence la guerre « des huit saints » est vraiment une guerre sainte[1]. Cet autre confirme le jugement des anciens sur la tyrannie intolérable des Légats, tout en niant que le Saint-Siège ait voulu la guerre, si bien préparée par ses maladresses et le poids de son joug sur des peuples impatients[2].

Florence, malgré l'esprit guelfe et la piété traditionnelle, s'était décidée à combattre le pouvoir temporel des Papes, qui gênait si fort l'Italie dans sa révolution nouvelle. Une génération forte et clairvoyante arrivait au gouvernement avec ces magistrats, les Huit commissaires des guerres, fermes, sagaces, rompus aux affaires publiques, par leur apprentissage privé, si populaires qu'on les baptisa les « huit saints » pour narguer le

[1] I. del Lungo. *Conferenze fior.* Milano, 1901, p. 254. — Tommaseo. Arch. st. 1860, n. s. XII, 1.

[2] Aless. Gherardi. La guerra dei Fiorentini con Papa Gregorio XI detta la guerra degli otto santi, ecc. *Arch. stor. it.* 1867-68. 3e sér. t. VI-VIII. (45-61 de la coll.).

Pape[1]. « Tous ces citoyens, dit le plus froid des annalistes, estimèrent alors leur patrie plus chère que leur âme. » Le droit civique, le droit laïque, se dresse contre le pouvoir temporel aidé par « l'abus »[2] des armes spirituelles. C'est un grand chrétien d'Italie qui parle ainsi.

L'emploi, par les Papes, de mercenaires étrangers, Anglais ou « Bretons », « très féroces », exaspérait les cités italiennes. Une ancienne chronique dit : « Les Florentins voulaient tout rompre[3]. » Les haines intestines des dernières années avaient miné l'influence du parti guelfe. Une alliance entre les Florentins et Barnabé Visconti prenait les États pontificaux dans un étau. L'habile Florence formait une ligue où devaient entrer Gênes, Venise, Modène, Ferrare, Montferrat, Vérone, Padoue, Mantoue, et Louis, roi de Hongrie. Ligue fondée sur tant de haines qu'elle n'était pas trop solide. Mais surtout, les communes de Toscane importaient, à cause des passages qui étaient entre leurs mains. Or, Sienne n'aimait guère Florence, laquelle avait écrasé Pise; et Sienne haïssait Arezzo.

La révolte des États pontificaux commençait en août 1375 par le soulèvement de Città di Castello.

[1] Machiavel, *loc. cit.*

[2] Del Lungo, *ib.* V. aussi Gino Capponi. *St. della Repp. di Firenze*, I, III, VIII.

[3] *Cron. di Bologna*, ap. Muratori, t. XVIII, p. 498.

Puis ce fut Gubbio, Sassoferrato, Urbin, Todi, Amelia, Terni, Forli, plus de quatre-vingts villes en dix jours; enfin Ascoli et Bologne. Catherine s'employait à contenir Lucques dans l'obéissance au Pontife; elle séjourna dans la cité blanche, sans obtenir rien de très sûr. Puis elle s'employa pour Pise, durant l'automne. En même temps, elle conseillait au Saint-Père « d'abandonner plutôt l'or des choses temporelles que l'or des spirituelles. » Et elle lui répétait : « Paix, paix donc, pour l'amour du Christ crucifié, et ne regardez point à l'ignorance, aveuglement et superbe de vos fils... C'est le bien des petits pauvres que détruit la soldatesque, mangeuse de chair et de gens[1]. »

En vain elle s'exterminait à répéter : « Paix, paix, mon doux Père, paix ! plus de guerre ![2] » En vain elle écrivait à tous ceux qui pouvaient agir sur le Pape. Elle « osait tout dans le Seigneur[3]. » Elle proclamait, suivant sa coutume, qu'elle parlait « de sa part, *per parte sua*[4]. »

Mais en dépit des menaces lancées par les condottieri bretons qui disaient : « Nous entrerons bien à Florence, puisque le soleil y entre, » les Florentins tenaient trop rudement tête au gou-

[1] *Lett.* II.

[2] *Lett.* III. « Babbo mio dolce », c'est presque « papa ».

[3] Capecelatro, IV, 172.

[4] *Lett.* IV.

vernement de l'Eglise pour qu'un accord fût viable.

En décembre, Catherine apprenait la rébellion de Pérouse. Et elle se reprochait de n'avoir point su préparer la fidélité guelfe de sa propre patrie : Sienne pactisait avec les Florentins. Tout se réunissait pour jeter cette âme ardente vers les interventions matérielles, dans la vie publique et l'action politique, où elle va dépenser, ce qui lui reste de forces.

Mais le Seigneur sait toujours mettre la consolation auprès de la croix. Celui qui donne au croyant, dans le passage de la mort, la force avec l'épreuve, Celui-là daigne aussi tendre à l'âme, souffrante parmi les horreurs de la vie, l'aide qui la soutiendra. Et, comme s'ouvrent ces années cruelles, Catherine voit venir à elle, don sans prix, le meilleur peut-être et le plus cher de ses disciples.

C'est son compatriote, Etienne Maconi, noble d'âme comme de race. Ami du novice dominicain Thomas Caffarini, le jeune gentilhomme venait de voir Catherine rentrer à Sienne ; il souffrait des haines accumulées entre sa famille, celle des Tolomei et celle des Rinaldini. Il songea que la médiatrice était peut-être là : il se fit présenter par son ami Pierre Bellanti. « Ni moi ni les miens, a-t-il dit, ne connaissions Catherine. A cette époque, entraîné par le torrent de la vie présente, je ne songeais aucunement à la connaître ; mais l'éternelle Bonté, qui ne veut la mort de personne, sauva mon âme des abîmes infernaux par l'entremise de cette vierge bienheureuse... Elle me reçut, non point avec la timidité craintive d'une jeune fille, comme je le pensais, mais avec la tendresse d'une sœur qui reverrait son frère après un long voyage [1]. »

Catherine était toute ardente de l'apostolat qu'elle venait d'exercer à Sienne, dès son retour, afin d'atténuer les maux spirituels qu'elle attendait de l'alliance avec les ennemis du Pape. Elle avait prêché les Bénédictines de Saint-Abbondio, les Augustines de Sainte-Marthe, excité l'âme des Pénitentes dominicaines, visité les moines bénédictins hors les murs, à Montolivet, les hermites de Saint-Augustin à Selva di Lago, à Saint-Léonard, à Lecceto, dont le Prieur, Jean Tantucci, était un de ses disciples.

Et voici qu'une occasion s'offrait de mettre une nouvelle pierre à l'édifice de paix et d'amour qu'elle aurait voulu cimenter avec son sang. Elle regarda ce jeune cavalier, qui portait le prénom de son frère chéri, cet Etienne, qui désirait le bien, et par là même en était digne. Elle lui conseilla de se confesser et de vivre en vrai chrétien. Il reconnut le « doigt de Dieu ». Elle lui promit de

[1] *Acta sanct. Aprilis*, III, 961. Lettre à T. Caffarini. V. dans *Legg. min.*, les lettres de Maconi.

tout faire pour la réconciliation. Les Maconi s'y prêtaient; mais par deux fois les adversaires renâclèrent au dernier moment. Catherine obtint un dernier effort de ses amis : et cette fois-là, devant l'église Saint-Christophe, au porche roman, la sainte vit sortir du palais Tolomei les bannerets aux gonfalons d'azur semés de lunes d'argent : seulement, les Rinaldini criaient au héraut d'armes : « Défi ! Défi ! » L'affront était imminent, le danger extrême ; mais les bannières s'inclinaient devant Catherine, le chef des Maconi, le vieux Conrad, baissait sa tête chenue, Etienne Maconi, lâchant la garde de son épée, s'agenouillait. Et les Tolomei criaient : « Pace ! Pace. »

Depuis cette paix, Etienne Maconi ne cessait plus de voir Catherine. « Et chaque jour, dit-il, à cause de ses paroles très efficaces et de ses très parfaits exemples, je sentais que l'homme intérieur, sous l'impulsion de la conscience, se réformait en mieux. Elle me demanda cependant d'écrire certaines épîtres qu'elle dictait d'une manière admirable avec sa bouche virginale. Je n'ai point souvenance, en tant et tant d'entretiens que nous eûmes ensemble, de jamais avoir ouï de sa bouche virginale une parole oiseuse... Toujours et d'un cœur infatigable, elle parlait de Dieu ou de ce qui menait à Dieu [1]. »

[1] *Ib.* II, § 10, p. 963.

Elle le fit entrer dans cette Compagnie de la sainte Vierge Marie qu'a peinte Sano di Pietro[1]. Cet esprit allègre, ce gracieux poète, ce railleur, cet artiste d'Etienne Maconi se revêtant d'une cagoule blanche! La jeunesse dorée de Sienne s'amusait à le persifler; on l'appelait, par les places et par les rues, « l'Encatheriné, *caterinato* [2] ». Il ne la quittait plus. Mais c'est seulement à la fin de la carrière humaine où le précédait Catherine, c'est seulement après la mort de son amie, de sa « maman, sa douce maman », comme il l'appelle, qu'il cessa d'appartenir au siècle et se fit chartreux sur le conseil de Catherine expirante[3].

Bienheureux repos pour l'âme conquérante, qui va se trouver désormais mêlée aux pires luttes; trésor divin pour le cœur aimant de Catherine, qui voudrait préluder, pour cette œuvre de paix civique et privée, à la paix universelle de la chrétienté régénérée. Hélas, les saints ne forment point le monde[4], ce monde odieux au Sauveur, et que méprisait l'apôtre cher à Catherine. Elle suit à la lettre les préceptes de Celui qui haïssait les « pa-

[1] V. *Lett.* 184.

[2] V. vita St. Maconi. Barth. Senensis. *De vita et moribus B. Stephani Senensis. Siena.* 1626. — *Drane*, I, ch. v.

[3] Il mourut prieur à Sainte-Marie-des-Grâces, *Gratiarum Cartusia*, la Chartreuse de Pavie près Milan. V. mon livre sur Milan, Paris, 1905.

[4] S. Jean, XVII, 14. — S. Mathieu, XII, 36.

roles oiseuses. » Mais elle va se trouver au milieu des « orateurs » laïques ou religieux. Terrible temps, et dure épreuve. Les Florentins, énergiques autant que diserts, multipliaient les actes en les masquant par des paroles ; leur unanime résistance dans le fait excéda le Pape, une censure fut prononcée contre eux. L'ambassade que la République envoyait au Saint-Père, en Avignon, ne fit qu'attiser la querelle ; appelés à la Cour papale afin de justifier Florence, Alexandre de l'Antella, Dominique de Sylvestre et Donat Barbadori prirent au consistoire du 31 mars 1376 le ton et l'attitude d'accusateurs. Ils rappelaient hautement les offenses faites au gouvernement florentin, célébraient la piété, la patience de Florence ; en vain Catherine avait tracé leur conduite dans ses conseils à son ami Nicolas Soderini. Devant des cardinaux français, on faisait publiquement le procès des légats français.

Grégoire XI, « le meilleur des Papes avignonais[1], homme vraiment humain, clément et bénin, et grandement aimé de tous les peuples pour ses excellentes vertus[2] », était de race noble, « bon Français et preudom[3] », et il se sentait aussi le « chief de l'ecclise, à qui tout

[1] *Pastor*, I, 67.

[2] Fra. J. P. da Bergamo. *Suppl.* delle cron. CCLX, l. XIV.

[3] Froissart. I, II, CCCXXIV et I, LX, 54.

bon chrétien se doit rallier ». Cette insolente plaidoirie l'indigna. Il sentait, dans ces Florentins, l'esprit de rébellion perverse qui dictait à Franco Sacchetti, leur ambassadeur à Bologne, une satire sur le « siège adultéré », et le Pape « Gâte-monde » auquel, suivant la tradition dantesque, on souhaitait la misère et l'enfer [1].

Florence fut excommuniée, et l'interdit prononcé contre elle ; les offices divins étaient suspendus dans la cité rebelle, les personnes et les biens des Florentins étaient livrés à qui voulait, comme ceux des infidèles ; c'était une lèpre morale, aussi redoutable que l'autre, car elle faisait périr le commerce et les banques de Florence, en défendant toute espèce de rapports avec les infâmes [2]. La sentence qui foudroyait Florence fut, en plein consistoire, lue en la présence du Pape, des cardinaux et des ambassadeurs florentins. Alors le plus fougueux des trois « orateurs », Donat Barbadori, se prosterna devant un crucifix, et tendant les bras vers le Christ [3] : « Monseigneur Dieu, s'écria-t-il, puisque nous font défaut et nous manquent l'aide et la raison humaine, et que nul ne se trouve pour nous rendre justice, j'en appelle à toi, Juge vrai, qui

[1] Carducci. *Rime di Messer Cino da Pistoïa e d'altri del sec.* XIV. Fir. 1862, in-32, p. 524-528, et *rime di Trecentisti minori*. Fir. 1907-in-12, p. 138.

[2] Capecelatro, IV. 181.

[3] Poggio, II. 47.

ne peux être trompé, appelant tout homme en témoignage comme quoi nous ne pouvons obtenir juste et raisonnable sentence, et bien humblement te priant qu'au dernier jugement tu donnes de ceci véridique sentence ! »

L'interdit fut confirmé, avec défense d'user de l'eau et du feu ; les trafics de Florence furent arrêtés, les marchands et les gens d'affaires qui se trouvaient à l'étranger regagnèrent, ruinés et humiliés, leur cité natale ; d'Avignon seulement on vit expulser plus de cinq cents Florentins après fermeture de leurs comptoirs. Les mercenaires du Pape passèrent les Alpes. La crise était à son point extrême. Tous les essais, tous les efforts de Catherine, lettres, conseils, et l'envoi de Frère Raymond à la Curie, avaient échoué.

C'est alors que Florence, grièvement lésée dans ses intérêts et dans cette foi catholique dont elle ne consentait point à se séparer[1], se tourna, peut-être à l'instigation de Nicolas Soderini, vers celle qui savait créer la paix. Grégoire XI, loin de s'opposer à cette manière d'agir, voyait avec faveur l'entremise de Catherine. « Donc, en ces temps, dit en ses meilleures pages un vieil historien florentin[2], vivait une vierge née à Sienne, de telle abstinence de vie, brûlée par un tel zèle de charité, persévérante

[1] V. *Archiv. stor. it.* 1860, n. s. XII, I.

[2] Scip. Ammirato, I, partie II, XIII, p. 710.

avec telle fermeté dans toutes les bonnes œuvres, que dans le temps même où elle vivait, elle était pour chacun, et même pour celui qui a écrit ces notices, et qu'on voit n'être point son dévot, surnommée Bienheureuse...

« On n'ignorait point qu'elle avait mené la vie la plus retirée, et éloignée des pratiques humaines pendant quasi tout le temps de ses années ; d'où l'on tenait pour indubitable que si elle s'était finalement tournée de la contemplation à la vie active, cela n'était pas arrivé sans une opération divine ; et attendu que n'ayant point connaissance des lettres latines elle interprétait et résolvait avec profondeur maints passages et questions de la Sainte Écriture, et qu'aussi l'on ne trouvait point comment elle avait pu apprendre à lire par moyen ordinaire, on estimait que, ce qu'elle disait ou faisait, tout lui était infus par la révélation divine.

« Pour laquelle raison, elle était souvent appelée à faire paix entre les ennemis, à délivrer des possédés, à consoler et aider les persécutés. Ce qu'elle faisait avec tant d'humilité, et ensemble avec tant de ferveur, que, bien qu'il ne manquât point de gens pour parler mal d'elle et la blâmer, elle était vraiment réputée par la plupart des hommes et des femmes, pour une très agréable et chère servante de Dieu. »

« Pour parler mal d'elle, *sparlare* » ! on en

peut croire un Florentin, les langues vont vite là-bas et piquent dur. Elle commençait à recevoir ce que toute femme descendue dans l'action doit accepter à l'avance : les railleries et les insultes. Et, qui donc pourrait l'en défendre? En se mêlant aux boues humaines, elle doit être éclaboussée.

« Il vint à l'esprit de ceux qui gouvernaient Florence, continue l'Ammirato, qu'elle pourrait servir utilement à traiter de la paix avec le Pape, et s'ils ne le firent point de cœur, ce fut tout au moins afin de montrer aux autres, à qui déplaisait la guerre avec le Pontife, qu'ils ne laissaient point, quant à eux, de penser à la concorde. Et elle, exhortée par les Huit de guerre à s'en aller en Avignon, pour trouver quelque accommodement de paix, elle ne refusa point de le faire, ainsi qu'il est affirmé par elle-même en une de ses épîtres ».

Dans ce premier séjour à Florence, elle ne connaissait encore que les épreuves moyennes et les faibles vilenies. On ne la maltraitait qu'en paroles, et sans trop de conviction. Les prieurs étaient venus à sa rencontre. Les premières violences des rebelles semblaient céder. Elle pouvait écrire à son cher confident, l'hermite augustin Guillaume de Flete, un Anglais[1] : « Déjà il

[1] *Lett.* p. 157. Cf. Drane, II, 363.

me paraît qu'un peu de l'aurore commence à venir, c'est-à-dire que notre Sauveur a éclairé ce peuple et l'a fait sortir de la perverse cécité de l'offense qu'il commettait, en faisant célébrer par force. Maintenant, par la grâce divine il observe l'interdit, et commence à s'élever vers l'obéissance à son Père. Aussi je vous prie pour l'amour du Christ crucifié, que vous, et frère Antoine, le maître et frère Félix et les autres, vous fassiez une oraison spéciale, pressant la Divine Bonté que, par l'amour du sang divin, elle envoie le soleil de sa miséricorde afin que tôt se fasse la paix, qui vraiment sera un doux et suave soleil ».

C'étaient ses exhortations qui avaient amené ce premier progrès chez les âmes désorientées. « Et la grâce divine, assure un témoin, son cher disciple [1], la grâce divine opéra tant par elle, que là même où avec un grand mépris du Saint-Siège apostolique ils avaient rompu l'interdit, par les exhortations de cette même vierge ils le reprirent de nouveau et l'observèrent. »

Elle partit pour Avignon avec ces clartés dans le cœur, forte d'une chère espérance. Son interprète auprès du Pape français devait être Raymond de Capoue. Elle emmenait de Pise, vingt-trois personnes [2]; il y avait des religieux et des

[1] Étienne Maconi. Notes mss. à la Légende.

[2] *Legg. min.*, 351. — Tommaseo, *loc. cit.*, p. 37.

laïques, des gentilshommes et des gens du peuple, Jean Tantucci, frère Thomas de la Fontaine, Étienne Maconi, dame Cecca Gori, dame Alessia Saracini, et la belle-sœur Lisa. Manteaux blancs ou noirs, capes de cavaliers ou sayons de vilains, un petit monde fraternel, qui passait les monts et courait les routes en vivant d'aumônes. On était sur la fin de mai, la saison était clémente, on allait sans repos. Le 18 juin, on arrivait devant les murailles et les tours féodales d'Avignon.

« Une belle demeure, avec une chapelle très ornée[1], » la maison de Jean del Regio, en forme de donjon massif, avait été assignée par le Pape à l'ambassadrice et à sa compagnie. Un peu moins d'un mois après, elle écrivait aux disciples restés en Italie : « Par la grâce de notre doux Sauveur nous sommes arrivés ici en Avignon il y a déjà vingt-six jours, et j'ai parlé avec le saint Père, et avec quelques Cardinaux, et autres seigneurs temporels. C'est le 18 juin 1376 que nous arrivâmes en Avignon. » Elle marque la date et le fait, c'est contre toutes ses habitudes. On sent assez quelle importance elle voit dans ces heures où la crise qui pourrait emporter l'Église romaine va peut-être se décider. L'espoir qu'elle apporte

[1] *Processus*. Durand et Martène, *loc. cit.*, VI, 1375. On garda dans cette maison, incorporée au Collège des Jésuites, la chambre de sainte Catherine. — *Lett.*, 272. Le collège des Jésuites, entre les rues de la République, Joseph-Vernet, Laboureur et la place Saint-Didier, a été pris, pour y mettre le Lycée de la ville.

va se changer en un effet tout autre, bien différent des projets médités ; mais elle ne repartira point les mains vides : sur le chemin de Rome, le Pape la suivra bientôt.

En attendant, ce séjour dans la cité provençale montrait à Catherine une Rome française. En parlant de cette Curie, Froissart dit constamment : « la Cour de Rome »[1]. Depuis 1309, l'année où Clément V fixait la résidence des Papes sur les bords du Rhône, depuis 1348 surtout, que Clément VI avait acquis la souveraineté de la ville, Avignon n'avait cessé de s'agrandir, de s'embellir ; le palais dont les restes splendides et formidables étonnent encore à présent, haussait ses bâtisses énormes, poussées sur le rocher des Doms comme une autre roche aussi forte, aussi rude que la première. Après Giotto, après Taddeo Gaddi, le siennois Simon Memmi décorait les églises et les palais. La partie orientale du grand édifice pontifical, surnommée « la nouvelle Rome » venait d'être achevée, avec la tour des Anges.

Catherine retrouvait là ces fresques de son pays, où Notre-Seigneur, sur la Croix, était entouré par les quatre Évangélistes, ces Jugements derniers, tout fourmillant de personnages,

[1] I, LX, 54. — V. *Hist. litt. de la France au XIVe siècle.* Disc. sur l'état des Lettres par Le Clerc, sur l'état des Beaux-Arts par Renan. Paris, 1865, surtt. t. II, p. 149-151.

avec des phylactères et des inscriptions pareilles à celles du Palais public à Sienne. Et, sur l'autre rive du Rhône, Villeneuve-des-Papes, qui la vit prier dans sa massive église, élevait sous l'âpre soleil ces mêmes créneaux qui « tourroyent »[1] au fond des horizons toscans, ces mêmes donjons qui couronnent les citadelles du Val d'Elsa.

Elle parut devant ce Pape débonnaire, chétif, de petite santé, d'une distinction affaiblie, et qu'elle devait dominer sans peine. Elle ne ressentait aucune gêne : les mystiques purifient leurs actions humaines à un feu trop ardent pour qu'il leur reste rien des mouvements ordinaires. Accoutumée par un exercice quotidien à se croire en présence de Dieu lui-même, et sous l'influence divine, pénétrée à la lettre de la promesse souveraine : « Je me manifesterai à vous en personne[2] », elle ne pouvait donc que dominer par son ascendant le vicaire du divin Maître.

Elle fut dégoûtée par maint détail de cette cour brillante, aux terrasses fleuries de plantes rares et de courtisanes. Saint Antonin, après la Légende, a dépeint son horreur et ses nausées devant « certaine dame, concubine d'un grand prélat de l'Église[3] ». Une coquine de cour, la très noble Elys de Turenne, nièce par alliance du Pape,

[1] « Torreggiavan ». Dante, *Inf.*, XXXI, 40-43.

[2] S. Jean, XIV, 21.

[3] V. Drane, I, 369, note 1.

renouvelait, sur Catherine en extase, la cruelle épreuve déjà faite une autre fois par un Dominicain, et lui enfonçait dans le pied, à la communion dominicale, une longue épingle acérée. Catherine, dit Étienne Maconi qui était présent, restait insensible ; ce fut seulement au réveil de l'extase qu'elle eut une douleur intense au point de ne pouvoir marcher.

Elle eut une déception bien dure : les ambassadeurs florentins envoyés par les Huit, sur ses conseils et ses demandes, affectèrent de ne la point connaître ni reconnaître, et tinrent ferme pour parler au Pape hors de sa présence et sans son entremise. En outre, elle était harcelée par les prélats qui cherchaient à l'embarrasser et à lui nuire ; elle les confondait sans peine. Cependant, l'ambassade même était manquée dans son objet spécial, par la volonté mauvaise des Florentins. Elle allait repartir. Mais elle emportait avec elle la certitude que le faible Pape, dominé par ses conseils, allait la suivre en Italie.

La femme inspirée obtenait ce que les grands Italiens, de Dante à Pétrarque, avaient tant souhaité, tant appelé par leurs vœux ou par leurs blasphèmes : le retour à Rome. Les saints, comme Brigitte de Suède, étaient intervenus. C'était Catherine qui avait créé la décision, mis la dernière main à l'œuvre. Elle pouvait partir contente. Si Pazzino Strozzi, Alexandre de l'Antella et Michel Castellani, ambassadeurs de la République florentine, avaient dédaigné ses offices, le Seigneur la récompensait au centuple : celui qui lie et délie au nom du Seigneur avait reconnu que « l'Esprit saint parlait en elle[1] ». Le gonfalon de l'Église se déployait déjà pour la suivre vers l'Italie. Et elle devait retrouver à Gênes, bientôt, le Souverain Pontife encore hésitant, et lui rendre l'élan qui le portait enfin jusqu'à Rome.

Catherine prenait la route de Toulon la veille de la croix de septembre, le 13 septembre 1376. Tandis que Grégoire XI, sur son conseil, s'arrêtait à Marseille où appareillaient les galères préparées en secret, la Siennoise et sa petite troupe poursuivaient le long de la côte provençale un voyage lent ; ils se détournèrent sans doute pour aller à la Sainte-Baume s'agenouiller dans la caverne où pria sainte Madeleine, si chère à Catherine. La route qu'on suivait alors passait par Aix, Saint-Maximin, Auriol. A Saint-Maximin, on vénère le chef de sainte Madeleine ; et les chemins marqués de piliers où l'on voit la sainte enlevée par les Anges, mènent vers la grotte sacrée, à travers la forêt légendaire, et gravissent le Saint-Pilon où les rois de France venaient en cavalcade, aussi haut qu'ils pouvaient,

[1] *Processus*, p. 1378. — V. le livre V de Mgr Capecelatro, p. 213-266.

vers ce ciel de Provence où plana sainte Madeleine.

Tandis que le Pape quittait Avignon au milieu des larmes, (car la France ne pouvait pas encore apprécier combien un tel départ lui était utile), tandis qu'il gagnait lentement « Orgon, terre fertile en pierres », s'embarquait à Marseille et, poussé par le mistral, frôlait Toulon, avec « une vitesse excessive, *nimis celeriter* », Catherine, en son train modeste, avait atteint les bords du golfe toulonnais ; elle vit peut-être passer les galères drossées par le vent, et les gonfalons de Saint-Pierre se rebrousser sous le soleil. Par Grimaud, Saint-Tropez, Fréjus, toute la côte où le ressac éprouvait la petite flotte, le Pape et son escorte avaient gagné Gênes[1]. Catherine et ses pèlerins essayèrent de prendre la mer, eux aussi. Mais ils faillirent chavirer sur les écueils des Iles d'Or, et l'on s'en tint aux âpres sentiers de la côte « déserts et à l'abandon[2] », après être entrés à Saint-Tropez en chantant le *Te Deum* « vers l'heure où finissent Matines ».

Avant de quitter Avignon, Catherine avait reçu de Grégoire XI cent florins d'or pour les

[1] Itiner. D. G. P. XI, inceptum, XIII sept. 1376. ccc. a P. Amelio Alestensi Augustino exaratum. ap. Muratori. *Rer. it. scr.* sér. III, partie II. Milan, 1734, pp. 690-704, et Ciaconius, *Vitæ Pont.* II, 578 ; l'auteur Pierre Amely d'Alète, évêque de Sinigaglia, était aumônier du pape. — V. enc. Du Chesne *Hist. des card. fr.* Paris, 1665, in-fol., p. 437-449.

[2] Dante. *Purg.* III. 49-50.

dépenses du retour, et le duc d'Anjou lui avait offert cent francs. La petite troupe allait à courtes journées. Avant d'arriver à Gênes, on s'arrêtait à Voragine, que l'on nomme aujourd'hui Varazze. C'était le 3 octobre. Les féaux de saint Dominique y vénéraient le lieu charmant, le bosquet de palmiers et d'orangers, où naquit ce bienheureux Jacques, auteur de la *Légende Dorée*, la plus suave fleur de leur Ordre ; fait archevêque de Gênes malgré lui, Jacques de Voragine avait laissé, dans l'Ordre fier et militant des Prêcheurs, comme un parfum de la douceur franciscaine. On ne sait trop si Catherine et les siens avaient pu, dans l'aller ou dans le retour, se détourner jusqu'à Bologne pour prier sur le tombeau de saint Dominique. Mais on aime à penser que la mémoire du Bienheureux Jacques, au pays même de sa naissance, mettait Catherine en communion avec la plus tendre des âmes dominicaines [1].

Voragine était dépeuplée par la peste. Catherine, invoquée par ce qui demeurait d'habitants, conseilla, pour remède au fléau, d'édifier un monastère dominicain.

A Gênes [2], la veuve d'un gentilhomme lombard, dame Orietta Scotta, qui était revenue de Vora-

[1] Drane, II, 6-8. — R. de Capoue, I, X.

[2] *Legg. min.*, 109, et notes, p. 227. — Flavigny, p. 351, note II. — R. de Capoue, II, VIII.

gine avec les pèlerins, reçut Catherine chez elle, près du couvent dominicain, à la Croix du Cannier, entre Banchi et Saint-Georges. Les voyageurs n'en pouvaient plus ; Néri Pagliaresi tomba malade le premier ; un Iscariote de la troupe avait volé la bourse commune, on avait pâti de toute manière sur ce chemin d'enfer. Néri, le futur anachorète, était sur le point de mourir. Le bon Étienne Maconi s'en fut supplier Catherine d'intervenir. Elle résistait, sachant combien la mort est une grâce. Et pourquoi donc la repousser? Enfin elle promit de prier pour la guérison, le lendemain, à la sainte Table. En sortant de la messe, elle put dire à Maconi : « Vous avez la grâce que vous demandez, le Seigneur nous l'a rendu. » Le naïf annaliste qu'est ce délicieux Maconi rapporte les paroles mêmes des médecins génois stupéfaits devant cette résurrection : « Voyant son eau (urine), l'œil et la langue, et touchant le pouls, ils furent émerveillés, disant que ce qu'ils voyaient en lui leur semblait contre la nature, car, de mort, il paraissait remis en vie « rafistolé, *ravissolato.* »

Mais Étienne Maconi « écrivain de la vierge », avait épuisé ses forces à soigner son ami Néri, dans ce mal terrible qui le faisait marcher à quatre pattes ; une manière de typhus l'accabla. Catherine vint le voir, elle le trouva brûlant de fièvre. « Je vous commande, s'écria-t-elle sur-le-champ, au nom de la sainte obéissance, de ne plus avoir cette fièvre. » Et le bon garçon fut guéri[1].

Grégoire XI, en quittant la France, n'avait pas seulement « durement courroucé[2] » le roi ; les cardinaux, qui, sans parler du reste, perdaient leurs palais, leurs rentes, leur luxe, toute la pompe et le bien-être d'Avignon, et s'en allaient sur les bateaux des Hospitaliers de Saint-Jean, aux secousses des golfes ligures, les cardinaux qui souffraient ou mouraient en route, étaient hostiles au voyage et s'indignaient d'un tel conseil. A Gênes, pour se ménager une entrevue avec Catherine, le timide et tremblant Pontife choisit le secret de la nuit[3], et vint au crépuscule, « comme un simple particulier ». Catherine se prosterna devant lui ; leur entretien lui fit voir le trouble de cette âme médiocrement héroïque, travaillée par les adjurations des cardinaux qui lui montraient le courroux céleste dans les tempêtes déchaînées sur ses vingt-deux galères. Florence révoltée, Rome incertaine, et déchirée par les dissensions intestines, il était prêt à retourner en Provence. Mais l'âme ferme de la pauvre fille siennoise agissait sur la volonté débile du Pon-

[1] *Processus* et *Cod.*, mss. III, 7 de la bibl. à Sienne.

[2] Froissart, II, XX.

[3] *Suppl. alla legg.*, di Fra. T. Cafiarini, III. — Capecelatro. V. 255 et suiv.

tife comme celle de Jeanne d'Arc agira bientôt sur les rois : « Accorde, disaient ses prières, accorde, éternel Dieu, que ton vicaire ne tienne point compte des conseils de la chair, laquelle juge selon le sens et amour-propre, et qu'il ne se laisse effrayer par nulle adversité... Si sa lenteur te déplaît, ô Amour éternel, punis pour elle mon corps à moi, car je te l'offre et te le rends, afin que tu l'affliges par les fléaux, et le détruises, selon qu'il te semblera bon. »

L'oraison fut exaucée. Grégoire XI repartit de Gênes pour Livourne et les États de l'Église, le 29 octobre. Catherine, qui dès 1375, à Pise, avait prédit le schisme[1], n'attendait point merveilles de ce retour tant désiré ; elle savait, et elle allait bientôt mieux connaître, de quels éléments dangereux et disparates étaient faits les États d'Italie avec lesquels le Pape avait les rapports les plus nécessaires ! Mais enfin elle avait vaincu ceux qui conseillaient la rentrée en France; le successeur de saint Pierre revenait « apud sanctum Petrum ».

Reconduits par une bourrasque par le travers de Porto Venere, les navires du Pape essuyèrent avant d'entrer à Livourne une mer si rude qu'un vieux cardinal en mourut à bord[2]. Ce fut, ensuite, à Corneto qui avait reçu le Saint-Père au

[1] R. de C., II, x.

[2] Voyage cité, p. 701.

chant du « Parce Domine », l'ennui sépulcral d'un séjour lugubre et malsain dans la morne forteresse de la Maremme. Enfin, le 17 janvier 1377, Grégoire XI et sa suite arrivaient par le Tibre, et entraient à Rome « porte du Paradis terrestre[1] », parmi les clameurs d'allégresse, précédés par une foule innombrable d'histrions et de bateleurs, annoncés par une cohorte de musiciens, sous un soleil resplendissant. A ce moment, le Souverain Pontife pouvait se redire la parole du moyen âge : « Pierre est plus que César, Pierre est au-dessus des Césars[2]. » Mais le séjour dans la Ville Éternelle allait la lui montrer réduite à dix-sept mille âmes, habitée par « une race plus semblable à des Barbares qu'à des Romains, hideuse d'aspect, bigarrée de langage, incapable de discipline, agreste de mœurs, et rustique[3] ». Combats perpétuels, anarchie, vols à main armée, viols avec effraction, les brigands aux portes, plus de pèlerinages à cause des assassinats sur les routes, un clergé pourri de tous les vices, la luxure, l'impunité pour tous les crimes, « et celui-là ayant le plus raison, qui plus pouvait avec l'épée » ; la cité partagée en bandes armées et hostiles, Rome,

[1] *Itiner.* p. 704, 707.

[2] Graf. *Roma nelle imm. del M. E.*, II, XX, 419.

[3] J. V. Le Clerc, *discours* cité, t. I, p. 31. — Graf. *ib.* I, IV, 54, note.

depuis Colas de Rienzi, n'avait guère changé[1]. Le tribun populaire avait déjà réclamé au Pape « d'avoir à venir sur son siège ». Rome, veuve de l'Empire, voulait au moins la Papauté[2]. Mais Machiavel a peint ce peuple de Rome, ambitieux et rebelle, « qui plus injuriait le Pape que nul autre prince faisait en la chrétienté ».

Pendant que les ressorts rouillés de la grande cité romaine se remettaient, vaille que vaille, en mouvement, Catherine se préparait à reprendre sa vie ancienne, dans sa patrie retrouvée. Elle avait quitté Gênes, son œuvre faite. A sa mère, qui aurait voulu la voir rentrer plus vite à Sienne, elle avait répondu : «... Si vous êtes, ainsi que je le désire, plus aimante de mon âme que de mon corps, en vous mourra toute tendresse désordonnée, et vous ne souffrirez point tant du manque de ma présence corporelle... Vous savez qu'il me sied de suivre la volonté de Dieu ; et je sais que vous voulez me la voir suivre. Et donc, ce fut sa volonté que je partisse, lequel départ n'a pas eu lieu sans mystère, ni sans grand fruit d'utilité. Je vous recorde, que pour les biens temporels vous n'aviez point coutume d'être ainsi, quand vos fils vous quittaient

[1] *Vita di Colà di Rienzo*, v. 32-33, XXVI, 76. ed. de Florence, 1854, in-12.

[2] V. del Lungo. *Umanista e Pontifice*, p. 20. — Machiavel, *Ist. fior.* I, XIV.

pour acquérir la richesse temporelle. Ores, pour acquérir la vie éternelle, vous croyez souffrir telle peine, que vous dites : « Je me vais anéantir », si tôt je ne vous fais réponse. Tout ceci arrive parce que vous aimez mieux cette partie de moi que j'ai tirée de vous, que celle que j'ai tirée de Dieu, c'est-à-dire votre chair dont vous m'avez vêtue. Élevez, élevez un peu votre cœur et affection à cette douce et sanctissime Croix, qui allège toute peine[1]. » Enfin, elle avait enfourché sa monture préférée, ce baudet qui la jetait souvent par terre, sans lui faire mal, tant cette charge était légère. Et la caravane pieuse avait repris les venelles escarpées de la Corniche ligure, les méandres marécageux des maremmes toscanes.

Catherine rentrait à Sienne. Mais elle n'y connaissait guère l'étroite paix d'antan. L'orage grondait sur Florence et sur Rome. Tandis que la pauvre ambassadrice de Dieu, brisée par le voyage, écrivait au Pape, dans Corneto, pour attirer sa clémence sur les cités toscanes, rien n'avait préparé la paix véritable ; et le retour à Rome ne semblait guère fructueux. Catherine, à Sienne, reprenait avec délices sa vie spirituelle, que les faveurs du Pape lui avaient rendue plus riche et plus facile encore, puisqu'il lui avait octroyé, outre ses bulles, indulgences et privilèges,

[1] *Lett.*, 201-202.

le droit d'avoir dans la maison paternelle un oratoire particulier, sa chapelle et ses chapelains bénévoles. Rentrée dans son foyer, sans bruit, presque clandestinement, elle savourait la douceur ineffable de retrouver les communions plus fréquentes, de reformer autour du Sacrement divin le groupe de ses chers disciples. Elle ramenait au bercail les égarés comme François Malavolti, le relaps éternel [1], qui « prodiguait, gaspillait misérablement le trésor de la grâce ». Elle préparait, pour après sa mort à elle, le retour final du gentilhomme débauché, qui finit sous l'habit olivétain.

L'Eucharistie devenait de plus en plus pour elle, grâce à ses justes privilèges, ce qu'elle doit être pour tout vrai chrétien : le foyer même de la vie, le centre de l'âme croyante. En ce temps où la surhumaine inspiration d'un Pontife à jamais sacré n'avait point encore montré le chemin universel des communions quotidiennes, en ces siècles d'abstinence où le « pain quotidien » était mesuré avec parcimonie aux plus fidèles, Catherine usait de son droit, donné par l'indulgence de Grégoire XI, et rassasiait par des communions fréquentes la « faim de son âme ». Elle disait au Frère Raymond : « Oh ! Père, si vous saviez comme j'ai faim ! » Et, vite, dans la petite

[1] *Lett.* 286.

chapelle domestique, don précieux du Bref papal, il fallait lui dire la messe, et lui donner cette petite hostie, consacrée pour elle, dont l'approche comme spontanée la plongeait dans l'extase[1].

Toujours plus proche de Celui qui « voulait la miséricorde », Catherine ouvrait jusqu'aux cœurs les plus fermés, ceux des vieillards. Pour elle, ces hideux débris de l'égoïsme humain ne savaient plus être implacables. Les âmes pétrifiées recommençaient à vivre. Un conspirateur, un Nanni, pétri de haines séculaires, désarmait à sa voix, et lui donnait, en retour de sa rédemption morale, un castel de Belcaro, pour y fonder le monastère de l'oraison et du pardon.

Belcaro[2], si beau et si cher aux yeux de Catherine, est à deux petites lieues de Sienne, un peu plus loin que l'abbaye bénédictine de Saint-Eugène. Par un chemin semé de guinguettes, on atteint la place où le vieux manoir, rebâti par Balthasar Peruzzi, et cruellement remanié, montrait au XIVe siècle ses murs à demi ruinés ; un couvent de femmes, sous le nom de Sainte-Marie-des-Anges, rassembla les Dominicaines, avec la permission du Pape, que Catherine avait sollicité pour ses filles tout en lui écrivant pour

[1] R. de C., II, XII.

[2] Documents officiels de la fondation ap. *Legg. min.*, 219, n. 57. — *Processus*. Tém. de Caffarini ; — et Sienne. Consigli della Campana. (*Arch. di stato*), vol. CXCI, fol. 8-9, 25 janvier 1377. — V. Sa lettre à Sano di Maco. p. 275 des *Lettres*.

Sienne et ses ambassadeurs. La maison de prières planait, en face de Sienne et du calme horizon limpide, sur cette cité, sur ces champs que Catherine aurait voulu voir sans guerre, sans soldats, sans chevauchées d'armes. Hélas! le monastère disparut, deux siècles plus tard, sous les assauts des Florentins, démoli par Cosme Ier.

Pour l'heure, cette heure inquiète de l'Église, Catherine y venait implorer un Pape tout spirituel, que Dieu daignerait éloigner des biens terrestres, priver des ambitions temporelles, consacrer tout entier à la « crosse de bois, qui fait l'évêque d'or », et le Pontife souverain plus encore. C'est de Belcaro qu'elle écrivit, brûlante encore de son oraison, cette lettre à Grégoire XI, où elle va jusqu'à dire : « Mettez la main à enlever la pourriture des ministres de la sainte Église. Enlevez-en les fleurs puantes, et plantez-y les fleurs odoriférantes, hommes vertueux, et craignant Dieu [1]. » Elle insistait pour que l'accord pacifique se fît enfin avec la Toscane. Elle disait encore : « Si vous voulez la justice, vous la pouvez faire, si la paix, vous pouvez l'avoir, en rejetant les pompes perverses et les délices du monde, etconservant le seul honneur de Dieu... » Elle poussait le Pape à se dépouiller, et le menaçait presque « de se plaindre de lui à Jésus crucifié,

[1] *Lett.*, p. 13, p. 16.

puisque sur cette terre il n'avait point de supérieur ». Elle ne croyait pas que « le démon chasse le démon », il y fallait l'amour divin, la sainte justice, la flamme de charité, la patience. Elle répétait que « si jamais gens au monde se peuvent prendre par l'amour », c'est les Toscans. Et elle offrait sa venue, son intervention, tout ce qu'elle savait donner.

Le Pape ne l'appela point à Rome. Mais il l'envoya derechef chez les Florentins. Dure ambassade, où elle risqua le martyre, qu'elle appelait de tous ses vœux. D'abord, et d'août à décembre 1377, elle s'était essayée aux œuvres de paix plus voisines, et entre ses compatriotes. C'était vers elle que se tournaient les adversaires politiques, Florence même aurait voulu maintenant se servir d'elle ; Catherine avait député son cher Étienne Maconi pour servir la République et tenter une paix de plus en plus difficile[1]. Le massacre de Césène, commis par les mercenaires du Pape, avait envenimé les haines : on sent frémir, dans les lettres que Catherine dictait en ce temps, l'horreur qu'avait répandue dans les âmes italiennes une cruauté si tudesque. Ces lettres venaient encore de Sainte-Marie-des-Anges. Catherine n'était rentrée en sa maison que le 25 avril. C'est durant la semaine sainte de cette année 1377

[1] Gardner, 203, n. 1.

qu'elle avait écrit sa belle épître aux prisonniers, vivant commentaire de son action rédemptrice auprès d'un Nicolas Tuldo.

Maintenant, l'été venu, elle exerçait dans la comté siennoise son ministère pacifique. Le suprême effort de Florence se préparait ; le Pape n'avait-il pas dit : « Ils déferont l'église, ou je déferai Florence. » Mais Catherine, trop heureuse d'être un moment à l'écart de luttes affreuses, s'employait aux accommodements qui devaient éviter à Sienne une vraie guerre civile, allumée par les branches rivales de la famille Salimbeni. Il s'agissait d'un castel disputé, d'un fief en litige. Elle partit, pour apaiser les rivaux, à Rocca d'Orcia, la forteresse principale que tenait Agnolino Salimbeni. Elle menait avec elle ses moines ordinaires, au nombre de quatre ; avec eux, Neri de Landoccio, Étienne Maconi, le néophyte racheté François Malavolti, Gabriel Piccolomini, et les bonnes sœurs Alessia, Cecca, Lisa, quelques autres encore, des manteaux noirs, enfin la vieille dame Lapa, la « bonne maman », qu'on laissait à Montepulciano sous la garde de sainte Agnès.

On passa d'abord à Castiglioncello del Trinoro, où Cione Salimbeni se tenait en attente, puis on gagna la Rocca, séjour du chef de la famille, Agnolino, pacifique comme son nom. « Bientôt, écrit Malavolti, elle les amena tous deux à la parfaite concorde, là où avaient échoué maints barons et autres puissants hommes. » Abbayes, telles que Saint-Anthime, ou petites villes comme Montepulciano, elle amenait partout la paix, souvent parfaite, quelquefois partielle ; mais enfin les bonnes semences restaient derrière ses pas. Durant plus de quatre mois, avec Rocca d'Orcia pour quartier général de sa charité, la bonne fille travailla pour l'œuvre de Dieu : « Je vous laisse ma paix, je vous donne ma paix ! [1] » Du haut de la colline où s'élevait Rocca d'Orcia, entre Montepulciano et Montalcino, les anges de la paix s'envolaient aux villes toscanes et dans les donjons de la contrée. « J'ai vu parfois, moi-même, écrit un témoin [2], mille personnes et plus, hommes et femmes, accourir comme à l'appel d'une trompette invisible, et arriver des montagnes ou d'autres régions en la comté de Sienne, pour voir et entendre la sainte. Non seulement sa parole, mais sa seule vue suffisait à leur donner le repentir de leurs crimes. » Et les démons étaient chassés, et l'on se confessait en foule.

Mais nul apostolat ne va sans résistance d'ennemis, et pour tresser la couronne des âmes il faut s'ensanglanter les doigts aux épines. On surveillait, on épiait, on calomniait Catherine ; archi-

[1] S. Jean, XIV, 27.

[2] Raymond de C., IIe partie, VII.

IV

CATHERINE EST ENVOYÉE POUR LA SECONDE FOIS A FLORENCE. ÉPREUVES QU'ELLE Y DOIT SUBIR. SON RETOUR A SIENNE. LE PAPE URBAIN VI.

Une lettre à la Seigneurie la précédait, où elle s'appliquait à elle-même, avec cette inconsciente audace des mystiques, les paroles de Notre-Seigneur : « J'ai désiré avec grand désir de manger cette Pâques avec vous, avant de souffrir le supplice[1]. » Mais elle allait, comme toujours, chez les Pharisiens : les maladresses du Pape avaient mécontenté Florence après Sienne. Pour un Nicolas Soderini, qui logeait Catherine dans une petite maison élevée par souscription « auprès de Saint-Georges »[2], à la Costa San Giorgio, pour un Pierre Canigiani, un Stoldo di Bindo Altoviti, qui s'attachaient à elle, la présentaient au Conseil, et d'ailleurs la compromettaient dans une

[1] S. Luc, XXII, 15.

[2] Suscription des Lettres dans *Legg. min.*, p. 271 et 357. — Scip. mmirato, *loc. cit.*

législation inconnue pour elle[1], bien d'autres, exaspérés par le congrès de Sarzane, par les intrigues des Visconti, voyaient avec rage une femme d'église, une Siennoise, se mêler de faire la paix ou la guerre en pleine Florence. « Mauvaise femme, disaient-ils », et ils lui préparaient les mêmes embûches où trébuchera plus tard le Dominicain Savonarole[2]. Non seulement on la traitait de bégarde, hypocrite, hérétique[3], mais on menaçait sa vie même. Il faut dire qu'elle parlait fort net, dans une ville où la moindre parole a toujours retenti. Elle blâmait ouvertement jusqu'aux prédicateurs franciscains « ces frères mendiants qui sont constitués par la douce épouse du Christ pour annoncer et publier la vérité, et qui l'oublient et l'offusquent en chaire ». Ceux qui l'aimaient, des poètes pieux comme Giannozzo Sacchetti, les réfugiés de Fiesole, les chanteurs de Laudes sacrées, la voyaient dans son auréole. Mais d'autres voulaient la tuer.

Grégoire XI ne devait point voir la fin du Congrès. Le 27 mars au soir, la garde qui veillait à la porte San Frediano entendit frapper violemment aux battants verrouillés, et clos de leurs barres : « Qui est là ? — Bonnes nouvelles. Voici

[1] Les « avertissements », les *ammonizioni*, qui frappaient les opposants.

[2] Ammirato, *ib.*

[3] Marchionne Stefani, ap. *Deliz. degli er. toscani*, l. XI, 773. — Tommaseo, *loc. cit.*, p. 42-43. — *Lett.* 29 *bis*.

la branche d'olivier. La paix est faite ! » On ouvrit : un rameau d'olivier était cloué sur le vantail extérieur. Mais il n'y avait personne dans la froide nuit de mars, tombée depuis deux heures. Cependant Florence, qui avait résolu « bonne et rude guerre, afin d'avoir meilleure paix », mais qui préférait bien la paix, Florence éveillée et joyeuse illuminait. « Olivier ! La paix est faite », criait-on à travers les places. Et la joie ne fut pas atteinte par la nouvelle que le Pape était mort de la pierre. Ce fut un « miracle » béni par les citoyens[1]. Pour la première fois depuis soixante-quatorze ans un Pape trépassait à Rome.

Les discussions du Concile retentissaient jusqu'à Florence. Et cependant le parti guelfe voulait rompre avec la Signorie. Des meneurs aristocrates cherchaient à se servir de Catherine, et la mettaient en péril. Les rusés Médicis entraient au pouvoir avec l'aïeul, Silvestre. Aucune promesse n'était tenue, d'aucun côté. Les Guelfes allaient assaillir le Palais Vieux ; on les prévint. Mais l'émeute grondait, les boutiques se fermaient, on criait « aux armes », Florence était sur le pied de guerre. Le 22 juin, l'avant-veille de la Saint-Jean, la populace attaquait les maisons des Guelfes. Un parti traversa l'Arno, brûla le Palais Soderini, près de la Carraia, les maisons

[1] Poggio, II, 56. — Manni, *Cronichette antiche*, p. 215.

des Canigiani près de Sainte-Félicité. On ouvrait les prisons, les monastères étaient mis au pillage, on tuait même, aux Angeli, deux frères-lais.

Les bandes furieuses vinrent envahir la petite cassine de la côte Saint-Georges, où Catherine se trouvait avec quelques disciples et des femmes. « Où est Catherine? » criaient les forcenés, en brandissant leurs armes. Celle qui écrivait : « s'il faut donner sa vie, on doit la donner de bonne volonté [1] », celle-là regardait la mort en face, même sous cette sale forme d'un assassinat par les gueux. La mort ? Elle la demandait ! Elle se réfugiait dans un jardin, et là, pensant au Jardin du grand supplice, elle appelait les massacreurs, et elle leur disait sans doute : « Ce que tu dois faire, fais-le vite », mais elle leur enjoignait « de la part de Dieu tout-puissant, de n'offenser pas un des siens [2]. » « Va-t-en », lui cria le plus enragé, qui ne pouvait frapper. — Où donc m'en irai-je ? Je suis bien ici. »

Mais on ne lui fit rien. Elle s'en allait, en effet, sans doute à Saint-Pierre de Monticelli, peut-être à Vallombrosa [3] « Malheureuse que je suis, disait-elle, je pensais que le Seigneur tout-puissant mettrait meshuy le comble à ma gloire, et que sa miséricorde, après avoir daigné me concéder

[1] *Lett.*, 23.

[2] Saint Jean, XVIII, 8. « Si c'est moi que vous cherchez... »

[3] *Legg. min.* 228. — Drane. II, 98. — R. de Capoue, III, VI.

la blanche rose de la virginité, me voudrait bien octroyer encore la rose rouge du martyre ! » Il lui fallait traîner encore bien des mois dans la vie militante, et de cette retraite même où elle pleurait son martyre manqué, préparer un voyage à Rome auprès du nouveau Pape.

Elle avait écrit, en juin, sa première lettre[1] à ce nouveau Pontife, Urbain VI, qu'elle avait connu naguère, en Avignon, cardinal Prignani, archevêque de Bari. Par un conclave dont les incidents semblaient parfaitement convenir à son origine napolitaine, le successeur italien de Grégoire XI était monté au trône de saint Pierre : « Nous vous ferons les têtes plus rouges que vos chapeaux ne sont », avaient dit les Romains aux *porporati*, pour les mieux décider à faire le Pape italien. « Celles paroles et celles menaces, ajoute naïvement Froissart, esbahissaient bien les cardinaux, car ils aimaient plus cher à mourir confesseurs que martyrs[2]. »

Les opinions étaient diverses, sur le successeur de l'Apôtre. Le brave Prieur de la Gorgone[3] écrivait à Catherine, le 27 avril 1378 : « Selon ce qui se dit, notre Saint-Père est un homme ter-

[1] *Lett.*, 19,

[2] Froissart, II, 22.

[3] *Legg. min.*, p. 260-261. IIIe lettre des disciples. — L. Bruni, VIII, 173. — Fra J. P. da Bergamo. *Suppl.* delle cron., Venise, 1540, in-fol., p. 262, du livre XIV. — B. Corio. *hist. di Milano*, ecc. Venise, 1554, in-4°, partie III, p. 253.

rible, et moult épouvante les personnes avec ses manières et parler ». Le chroniqueur Léonard Bruni renchérit encore : « Cet homme fut d'une nature dure et inquiète. Il n'y avait en lui nulle humanité, ni manière de s'attacher les gens, mais bien il était difficile, rigide, et plutôt désirait être craint qu'aimé. » L'hermite lombard, Jacques-Philippe de Bergame, dit crûment : « Celui-ci fut un homme plein de malice, rusé et vengeur des injures, inquiet, plein d'astuce, inhumain et fourbe, très roué et fort expert dans les choses mondaines. » Il avait empli la nouvelle promotion cardinalice avec vingt-deux Italiens sur vingt-neuf, et presque tous Gibelins, ce qui stupéfia les gens. Mais voici qu'à l'user, il semble avoir reconquis bien des cœurs, et parmi l'élite, puisqu'un Étienne Maconi peut écrire [1], moins d'une année après : « Le Pape Urbain est vraiment le Christ sur la terre. » Il est vrai qu'il s'agit alors de l'exalter, pour contraste avec « l'antidemonio », l'Antechrist français, ce Pape schismatique, dont les « ladres » seuls prennent le parti, qu'on devrait brûler, lapider. « Tantæne animis cœlestibus iræ ! » C'était le temps du schisme, et chacun y perdait la tête.

Cependant, à Florence, le tumulte des Ciompi, où Catherine avait failli périr, se calmait sous

[1] *Legg. min.*, 276. — Lett. de disc., nº XII. V. enc. 279.

l'honnête et forte main d'un Michel de Lando; l'habileté du Médicis et les difficultés que rencontrait le nouveau Pape amenaient, le 28 juillet, la paix de Tivoli, qui fut suivie, en septembre, par l'absolution solennelle de Florence, et le 29 octobre, par de solennelles actions de grâces à Sainte-Marie-Nouvelle. Catherine avait pu rentrer à Sienne, après la rude crise, riche de ses efforts pour la paix, contre l'hérésie, heureuse de voir Urbain VI « commencer virilement ». C'était l'automne de 1378. Cette année même ne devait pas finir pour elle à Sienne. Les troubles du schisme allaient, avant décembre, appeler et fixer à Rome, pour une dernière étape, celle qui en avait prévu, prédit, l'éclat et les misères.

Dans ce bref séjour à Sienne, ce fut comme une halte suprême où son génie se recueillit. Elle dicta son *Dialogue*.

[1] *Lett.*, 179. — Capecelatro, 301.

V

TESTAMENT SPIRITUEL DE CATHERINE. LE « DIALOGUE ». LA DOCTRINE DE LA SAINTE D'APRÈS CE DIALOGUE ET SES LETTRES.

V

TESTAMENT SPIRITUEL DE CATHERINE. LE « DIALOGUE ». LA DOCTRINE DE LA SAINTE D'APRÈS CE DIALOGUE ET SES LETTRES.

Elle avait laissé, pour adieux à cette cruelle Florence, une forte épître[1] adressée « aux seigneurs Prieurs des Arts et Gonfaloniers de la Justice de la cité de Florence ». Elle y marquait, avec une allégresse inusitée : « Après avoir fait fête et remercié la divine Bonté et vous, je me voulais partir et m'en aller à Sienne... Je suis partie, avec la grâce de Dieu. »

Maintenant, à Sienne, durant la torpeur de l'été, elle pouvait se renfermer dans son cher petit oratoire. Elle retrouvait la « sainte et douce congrégation faite sous le doux nom de Marie, notre avocate, Mère de grâce et miséricorde[2] », ces disciples bien-aimés qu'elle « faisait meilleurs ». Elle jouait avec les noms de ses amies, Jeanne Pazzi devenait Jeanne la folle, — *pazza*,

[1] Inéd. publ. par Gardner, p. 413-416. Appendice, n° IV, d'après le mss. strozz. XXXV, 199. Bibl. naz. de Florence.

[2] *Lett.*, 172, 304, 243, 143, 205, 342, 276.

— Alessia la grassouillette faisait pendant à Cecca la perdeuse de temps, l'aveugle, — *cieca*, — et s'appelait aussi « la négligente ». Mais c'est dans la solitude qu'elle se refaisait l'âme pour les « enfanter ». Les hommes, qui avaient aussi leur sobriquet, Néri « l'ingrat », ceux qui l'avaient aidée, à la Rocca, lorsqu'on « mangeait tant de démons incarnés qu'on en avait mal à l'estomac », attendaient les révélations et la dictée de celle qui leur avait valu « l'indulgence de coulpe et de peine au moment de la mort ». Elle allait leur dicter son testament spirituel. Dans cette dernière halte à Fontebranda, sous les murs de Saint-Dominique, la sainte de Sienne se mit en présence de Dieu, si continûment, avec telle ferveur, que sortit de ses lèvres, « d'une haleine » et sans les divisions faites après coup, le « Dialogue de l'âme avec Dieu ».

De telles œuvres nous étonnent, au premier moment. « C'est une chose notable, disait le notaire contemporain Guidini, à savoir un livre qui est du volume d'un Missel ; et elle le fit tout entier étant en extase, ayant perdu tous sentiments, à l'exception de la langue. Dieu le Père parlait en elle... et toutes ces paroles étaient en langue vulgaire ; cette chose est admirable, car de Moïse à nos jours on ne trouve point que Dieu le Père ait parlé avec personne, mais bien son Fils le

Christ béni[1]. » Et donc, elle parlait, ou même à de très rares intervalles prenait la plume ; mais c'étaient Ser Barduccio Canigiani, Étienne Maconi ou Néri Landoccio qui recueillaient la dictée divine.

Ceci ne va pas sans périls. Autorisés à juger les mystiques, des chrétiens répéteront, avec Bossuet, sur telle œuvre trop vantée, qu' « elle n'est propre qu'à opérer une perpétuelle dérision de la religion [2] ». Mais ici, la doctrine est belle, pure, vraiment inspirée par saint Jean, par saint Paul. Parfois, l'élan de Catherine semble lui avoir fait trouver, sur la poitrine du Seigneur,

La place où reposa la tête de l'apôtre.

Et sans doute, des chrétiens tout pénétrés par l'Évangile ne recherchent point de tels livres. Mais les âmes qui ont besoin de commentaires et de lectures accessoires ne peuvent s'égarer ici. Peindre Catherine sans ouvrir le trésor de sa doctrine, ce serait figurer la sainte sans lui donner son auréole.

Les visions étaient universelles en ce temps-là [3]. Mais celles de Catherine ne seront point,

[1] Guidini, *loc. cit.*, p. 37.

[2] *Œuvres*, ed., 1836, x, 547. Il s'agit de la « cité » de Marie d'Agréda.

[3] V. Césaire, *Ill. mirac.* et *histor., memor. libri XII.* Antverpiae, 1605, in-12, surtt. l. VIII, 7 et 9. *Revelationes S. Brigitae.* Nuremberg, 1500, in-fol.

comme jadis celles d'une Hildegarde, une contrefaçon tudesque de l'Apocalypse, mêlée à des digressions. Et non plus elle ne fera parler, comme naguère sainte Brigitte, Dieu et les Saints par chapitres méthodiques. Sans doute, aux premières lectures, la scolastique nous importune, même en ce Dialogue écrit dans la langue toscane et sous le clair automne d'une vie toscane[1]. Les « ricettari » moraux, le numérotage des tomes et les tableaux synoptiques « des états intérieurs et des états lacrymatoires », gênent quelque peu ; les allégories sont laborieusement énoncées, et telle description qui prétend au surnaturel est trop pareille aux règles des jeux innocents. Mais tout ceci, comme les marques accessoires de l'état sacré, convulsions, bilocations, cris, visions exagérées dans leur forme, n'est qu'accessoire et négligeable[2].

C'est l'intuition de Dieu présent qui importe, la conscience d'illumination surhumaine, la présence immédiate et comme « la perception quasi expérimentale de Dieu ». L'extase, nous dit l'Église, « n'est pas un honneur ni une puissance. Elle est un tribut payé par les mystiques à la

[1] *Dial.* CX, et ch. VII au début, XCV et suiv. — tr. Hurtaud, 154-X.

[2] *Lettre à R. de Capoue*, p. 128. — *Dial.* CXI, 142. — V. Bremond, *Hist. litt. du sentiment religieux en France*, etc., Paris, Bloud et Gay, 1916, in-8°, appendice au t. II, où se trouve un excellent résumé de la question, d'après le P. de Grandmaison, etc., surtt. p. 586 et 591. — Hurtaud. Préf. XLIX.

fragilité humaine. » Catherine se sent « goûter l'allégresse et bonté de Dieu, toute noyée dans sa miséricorde. Alors, cette âme, comme ivre véritablement, paraissait hors d'elle, ayant perdu les sens de son corps [1] ». Elle le dit : nous l'en croyons. Elle est entre nous et Dieu.

Elle eut sa première extase pour cette œuvre le 9 octobre. Et l'œuvre ne cessa de croître jusqu'à la dernière partie, sur la Providence, si belle que les éditions anciennes en ont nommé le livre entier. Il est un chapitre, le CXLVI^e^, où l'Évangile est expliqué avec un feu si rayonnant, qu'on pense au chemin d'Emmaüs : « Notre cœur ne brûlait-il pas sur le chemin ?... » Et par de tels souvenirs, l'œuvre méritait d'être écrite « en vulgaire », dans la langue de saint François : immense nouveauté, presque surnaturelle, l'œuvre, par là, se rendait digne de s'inspirer avec la Divine Comédie [2] ; que dis-je ? elle a pu mériter cette attestation : « la doctrine du Dialogue, c'est la doctrine de l'Évangile [3]. »

Cette doctrine, elle est aussi dans ses Lettres [4]. Dans l'Italie même, il y avait quelques modèles

[1] *Dial.*, XIX, 49, CVIII, 137.

[2] V. à la fin l'Eloge des Saints et les ch. XI, XII.

[3] Hurtaud. Préf. I, XXXIV.

[4] Outre les inédits publiés par Gardner en appendice, il existerait à la Confraternité de la T. S. Annonciation de Modène un manuscrit plus correct que les autres. Cf. Veratti. *Opusc. relig., lett. e morali*, II, VIII, 185-204, et Pastor, I, 120, n. 1.

de ce style. Un Passavanti, dans son délicieux « Miroir de la Pénitence », avait su tresser une guirlande spirituelle, méditations ou anecdotes, qui reste d'un prix infini [1]. Mais Catherine a su laisser « un des monuments les plus insignes de la littérature mystique au XIVe siècle [2] » dans le recueil de ses Lettres. Elle y sait être Marie et Marthe, orante et agissante. « Amour et Mort », c'est sa devise : la mort, terme de l'amour humain, lui apparaît comme le principe de l'amour céleste. Clairvoyante, en un siècle atroce, elle épure, élève les hommes les plus engagés au péché, par l'irrésistible ardeur de ses exhortations. Une Hildegarde avait donné l'esquisse de ces lettres-là, dans des Épîtres au pape Eugène III. Mais ici, quelle surabondance, si le procédé primitif est le même, et l'extase, le point de départ! Hildegarde avait dit : « la sagesse m'enseigne, en me consumant aux flammes de la charité ». Elle avait été pénétrée de lumière à l'âge de trois ans, et de huit à quinze ans, elle avait entretenu un commerce spirituel avec Dieu. L'emprise surhumaine sur une Catherine est autrement forte, les effets en sont bien plus riches.

Dans une lettre où elle se montre pleinement

[1] *Lo specchio della vera penitenza*, ed. Polidori. Fir. 1863, in-12.

[2] E. Nencioni. *La lett. mist. nel trecento*, ap. *La vita ital. nel trecento*. Milano, 1895, in-12, VI, p. 238 et suiv.

visionnaire, Catherine écrit à son confesseur préféré : « Pour rafraîchissement, étant privée de la consolation que m'empêcha de connaître mon ignorance, Il m'avait donné, et pourvue en me donnant l'aptitude à écrire, afin qu'en descendant de cette hauteur, j'eusse un peu de quoi m'épancher le cœur, afin qu'il n'éclatât... Et donc, aussitôt qu'Il m'eût quittée, avec le glorieux évangéliste Jean, et Thomas d'Aquin, ainsi dormant je commençai d'apprendre [1] ». Nous ne chercherons point, aux lettres écrites ainsi, les révélations précises de l'histoire humaine, mais bien cet instinct supérieur, cette souveraine puissance de l'Esprit, qui mène le monde et façonne l'histoire humaine.

Aussi Catherine n'est-elle point en contradiction avec sa maxime : « Le doux éternel Dieu se plaît à peu de paroles, et beaucoup d'actes [2] ». Chacune de ses lettres, circulaires mystiques lancées à tous, depuis les Papes jusqu'aux prostituées et aux Juifs, est une œuvre, une œuvre efficace. « Jamais, dit l'historien partial de la Papauté, les Papes n'eurent de défenseur plus éloquent, plus ardent, ni plus pieux [3]. » Et l'on a vu ce défenseur, ce juge aussi, descendre jusqu'à la défense des criminels.

[1] *Lett. à R. de Capone*, 118.

[2] *Lett.*, 37.

[3] *Pastor*. 1, 79.

Dans ces lettres, les métaphores, accumulées, ne sont pas plus cohérentes qu'au Dialogue. Mais un souffle de l'Écriture, et le joadisme biblique, emportent tout. Aux séculiers, elle forge un joug identique, formule cette doctrine de l'Amour qui se trouve résumée au traité de la Perfection, et dans les prières dictées pendant l'extase. Aux religieux, elle rappelle ce qu'ils disent et lisent chaque jour, sans être toujours assez pénétrés [1]. C'est ce que saint Paul appelait : « le savoir de la science suréminente de la charité du Christ [2] ».

Elle ne craint pas d'être humaine dans son style; une véhémence l'anime, parfois incohérente, les images sont bizarres, les comparaisons décousues [3]. C'est au goût du temps, avec cette exagération qui se fera si flagrante chez les mystiques espagnoles. A côté de cela, la femme italienne, aux rudes indignations, parle fort net : « Immondices, ribauderies, voilà ce qu'on trouve chez les clercs... Las, je dis, en pleurant, qu'ils n'ont cure que d'immondices, de mercantilisme, et de vendre la grâce du Saint-Esprit... Hélas ! hélas, où est la pureté des ministres du fils de Dieu ?... Devenus ils sont une étable et lieu de porcs, et d'autres animaux, en portant le feu de la colère,

[1] *Lett.*, 34-37.

[2] *Ad. Ephesios*, III, 17.

[3] Cf. Lettres aux princes. Surtt. et entre toutes, p. 218, au comte de Fondi.

haine, rancœur et malveillance, en la maison de leur âme; c'est pourquoi leur sied d'auberger avec les porcs même, c'est-à-dire ès immondices, dans lesquelles continuellement ils se roulent, ainsi que le porc dans la fange[1]. » Et le chapitre est trop célèbre, où elle flagelle, avant saint Bernardin et Savonarole, après Dante au XVe chant de l'Enfer, ce vice de Sodome que le clergé possède au point de dégoûter les démons mêmes[2].

Tout cela, Dialogue ou lettres, dans ce pur langage de Sienne, le plus parfait de l'Italie ; si bien que l'austère et sénile Académie de la Crusca dut tempérer ses répugnances pour ce qui n'est point florentin, et fit de ceci l'un de ses « testi di lingua [3] ».

Magnificat anima mea Dominum
Et exultavit spiritus meus in Deo salutari meo !

ces deux lignes du souverain Cantique en disent autant pour le chrétien que toute doctrine expliquée. Mais pour ceux que n'assouvit point le seul Évangile, force est d'exposer en synthèse cette doctrine largement répandue en nombreuses pages par l'inspiration de Catherine.

Elle est pure entre toutes; car saint Jean,

[1] *Lett.*, 38, 43, 56.

[2] *Dial.*, ch. CXXIV, et tous les chapitres sur la « réforme des pasteurs ».

[3] *Vocab. degli Accad. della Crusca*, IVe ed. Fir. 1738, in-fol. Indice. t. VI, p. 74, note 273.

saint Paul, avec saint Thomas d'Aquin, ce sont ses maîtres. Johannite de cœur et d'âme, Catherine considérait saint Paul comme « héraut de Dieu. » Et le thomisme le plus net inspire sa foi. Saint Thomas n'a-t-il pas écrit : « Tout acte de péché procède de quelque appétit désordonné pour quelque bien temporel : d'autre part, le fait que quelqu'un appète désordonnément quelque bien temporel, provient de ceci, qu'il s'aime désordonnément lui-même : en effet c'est aimer quelqu'un, que lui vouloir du bien ; et donc il est manifeste que l'amour désordonné de soi-même est cause de tout péché [1]. »

Cet amour de soi-même, cet « amour-propre », au sens littéral du mot, et le plus large, c'est, dit Catherine « une faiblesse, qui cause une amertume affligeante et desséchante pour l'âme ; car elle la prive de la charité, et elle ne peut se souffrir soi-même [2] ». Sa théorie de la charité, c'est-à-dire de l'Amour envers Dieu, c'est celle de saint Paul, et celle aussi de l'*Imitation;* au reste, dans toutes ses lettres, et surtout celles écrites aux religieux, transsude la même doctrine qui inspira l'*Imitation*. Et le Dialogue répète : « L'amour-propre, qui ôte la charité, et l'amour du prochain, est ainsi principe et fondement de tout mal. »

[1] *Summa theologica*, 1a 2ae q. LXXVII, a. 4. c.

[2] *Lett.*, 13, 1 et 29. — *De Im. Christi*, III, LIV. — *Dial.*, VII, 36.

Mais avec le détachement, le Dieu qu'on aime donne la science infuse ; les Dominicains le répètent, après les Franciscains[1]. Aussi Catherine va-t-elle redisant, et aux Papes mêmes[2] : « Je vous réponds et dis de la part de Jésus crucifié, de venir le plus tôt possible... Je vous prie, mon Père, d'ouïr et écouter ce que vous dira Frère Raymond, et les autres de mes fils qui sont avec lui, car ils viennent de la part du Christ crucifié, et encore envoyés par moi... J'ai osé vous écrire en sécurité, contrainte que j'étais par la divine bonté... »

Une pareille charité, une certitude surhumaine, rend invulnérable ; on n'entend plus « la voix des démons incarnés ». Armée du sacrement, « ayant prié déjà pour ces choses avant et après la sainte communion, je ne voyais ni mort, dit-elle, ni aucun péril. J'espère que Dieu ne méprisera point tant d'oraisons faites avec tant de très ardent désir, et force larmes et sueurs ». C'est dans ces oraisons brûlantes que le Christ lui dicte ses ordres : « Priant pour vous notre doux Sauveur, dit-elle au Pape, ainsi que vous me l'envoyâtes dire, il me manifesta que j'eusse à vous dire... » Et elle allait jusqu'aux menaces.

C'est qu'on pouvait lui appliquer ce qu'elle dit du vrai chrétien : « Comme une personne virile,

[1] Wadding, *Annales min.*, VI, 377, 322. II, 67. VI, 387. II, 171.
[2] *Lett.*, 2, 15. 16, 24.

vêtue de courage, et de charité, rien ne lui fait[1] ». Et « tout cela, c'est l'opération de l'Amour ineffable, que l'âme a conçu dans l'objet de Christ crucifié[2] ».

Cet amour, il est à la fois produit et témoigné par l'oraison. « En aucune manière la créature ne goûte tant, et n'est illuminée pour cette vérité, que par le moyen de l'oraison humble et continuelle, fondée sur la connaissance de soi-même et de Dieu; attendu que l'oraison, l'excitant ainsi qu'il est dit, conjoint l'âme avec Dieu, en suivant les traces de Christ crucifié[3]. »

Et Dieu fixe les lois de cette union ; c'est que la volonté de l'homme devienne conforme à la volonté divine : « Je veux, dit Dieu à l'âme, que tu saches que toutes les peines que ressentent les créatures raisonnables, tiennent à la volonté. Mais si la volonté était ordonnée, et accordée avec ma volonté, point n'endureraient de peine[4]. »

« Il y a trois manières de prier : les actions méritoires ; la prière vocale ; la prière mentale. Et le dévot doit être prudemment averti que, lorsqu'il se sent visité dans son âme, il mette un terme aux paroles[5]. » Cette oraison, qu'elle vou-

[1] *Lett.*, 13, 14.
[2] *Lett.*, 19.
[3] *Dial.*, p. 30.
[4] *Dial.*, CXXXI, p. 176.
[5] *Lett.*, 78, 86, 151.

drait continue, « n'est autre chose qu'un saint désir, et donc affection d'amour, car de l'intelligence naît l'affection ». Pour la tentation, le remède est d'éviter le péril matériel. « Fuyez l'occasion, si la vie de votre âme vous est chère. Cela fait, n'ayez cure des batailles et persécutions du démon. Et ne vous laissez point troubler l'esprit, mais supportez avec patience la peine, et avec déplaisir la faute. »

L'idée de la substitution, et de la responsabilité personnelle dans les malheurs de l'Eglise, lui est commune avec les mystiques[1]. Elle priera la Bonté divine de « punir sur son corps les péchés d'autrui », de même qu'elle attribuera les catastrophes publiques à ses propres péchés. « Moi, pour moi, je me sens au point de mourir, et ne puis mourir, voyant offenser tant notre Créateur dans le corps mystique de la sainte Eglise, et contaminer notre Foi par ceux qui sont préparés à la faire rayonner ; et de tout cela sont cause mes défauts à moi. » Aussi ne saurait-on assez multiplier les pénitences, « ces instruments de vertu[2] ».

Cependant, cette âme, si vibrante et si inquiète, elle est une âme harmonieuse, et elle le sent,

[1] V. *Lett.*, 73, — et *Mém. pour servir à l'hist. de Port-royal. Utrecht*, 1742, in-12, II, I, XII, p. 72, où la mère Angélique Arnauld exprime ces idées.

[2] *Dial.*, IX, 2, XI, CXLVII. — *Lett.* 22, 24.

elle écrit des pages sur « les grandes cordes de l'âme » qu'il faut accorder avec les cordes, plus grêles, de nos sens. L'accord parfait, c'est la vertu « qui est une oraison continuelle. Aussi ne cesse point de prier qui ne cesse de bien œuvrer ». Alors, « quand s'ajoute à ceci la faim de la vertu, à savoir que l'homme ne songe à rien qu'à l'honneur de Dieu, sans aucun regard pour soi-même, il reçoit lumière, courage, constance, et persévérance surnaturelle. A l'humble, continue et fidèle oraison, ne sera point refusé ce qu'on demandera de l'infinie Bonté de Dieu, pourvu que la demande soit juste ».

Saint Thomas l'assure : « Personne ne sera parfait de la perfection souveraine que par la divine Eucharistie[1]. » Catherine reprend : « Et quelle est cette nourriture ? (c'est Dieu qui parle). Ainsi qu'en un autre lieu je te le racontai, c'est le corps et le sang du Christ crucifié, tout Dieu et tout homme, aliment des anges, aliment de vie, et aliment qui rassasie tout affamé qui se délecte à ce pain, mais point ne rassasie celui qui n'a pas faim, car c'est là un aliment qui veut être pris avec la bouche du saint désir, et être goûté par amour. »

Pain des anges, « panis angelicus » ; mieux encore, puisque la Rédemption élève l'homme

[1] *Summa.*, III, 9. LXV, a, 3. — *Dial.* CXXXV, p. 184.

au-dessus des anges[1] quand l'âme est « amoureuse de la vérité divine ». Ce pain de vie doit nourrir des vaillants : « Vous êtes faits pour croître, dit le Seigneur, et faire de bons et parfaits intermédiaires entre l'homme qui est tombé en guerre avec Moi, et Moi. » Et vraiment, de telles personnes se peuvent appeler « un autre Christ crucifié, mon fils unique, puisqu'elles se sont mises à faire leur devoir... Elles vont, crucifiées, s'aidant avec l'oraison, avec la parole, et avec la bonne et sainte vie[2]. » Et telles paroles de l'âme ne sont qu'une paraphrase de saint Jean, cet Evangéliste que Catherine connaît le mieux, (non sans contre-sens, çà et là[3]).

Le culte de la Sainte Vierge vient aider et illuminer la voie des efforts chrétiens ; Dieu dit à l'âme, en rappelant le supplice de Nicolas Tuldo : « Cet homme-là n'avait point oublié la révérence et l'amour qu'il avait pour la très-douce Marie, mère de mon Fils Unique, à qui est accordé ceci, pour la révérence du Verbe de ma Bonté, à savoir que quiconque sera celui, ou juste, ou pécheur, qui l'aura en dûe révérence, il ne sera point emporté ni mangé par le démon d'enfer[4]. »

[1] *Dial.*, CX, 139-140, ceci enc. dans l'Imitation.

[2] *Dial.*, CXLVI, 201-202.

[3] *Dial.*, CXXXIV, 182. V, CXLVI, p. 202 du *Dial.*, Le « εἰς τὰ δεξιὰ μέρη » de S. Jean (XXI, 6) ne paraît pas compris.

[4] *Dial.*, CXXXIX, 188.

Et, parmi tant de saintes qui l'ont précédée, Catherine aura pour patronne spirituelle la sainte de l'amour divin, Marie-Madeleine.

C'est l'amour de Dieu qui est tout, fait tout. Aussi le plus irrémissible des péchés, c'est le péché de désespoir, la défiance envers la miséricorde divine, l'attentat contre l'Esprit-Saint : « Aussi, proclame le Très-Haut, le désespoir de Judas m'a déplu davantage et fut plus pénible à mon Fils, que ne le fut la trahison par lui commise [1]. »

A de telles voies, que sert la science humaine ? Aussi Catherine commente sans se lasser la première béatitude : « heureux les pauvres en esprit [2] ! » Elle accable de railleries les « savants », elle exalte les « grossiers, les illettrés », car la lumière est pour eux, et ils connaissent la vérité. « Aussi te dis-je qu'il vaut bien mieux aller, pour se conseiller sur le salut de son âme, à un humble qui ait conscience sainte et droite, qu'à un superbe lettré plongé dans l'étude de moult science. » Le monde, éternel ennemi [3], « en toute chose tend à contaminer les opérations divines et à les entendre suivant son bas entendement ». « O saleté du monde! pus du monde, *marza del mundo !* »

[1] *Dial.*, XXXVII, 63.

[2] S. Mathieu. V. 3. — *Dial.*, LXXXV, 110. — Imitation. L. I, ch. II.

[3] S. Jean, XV, 18. — *Dial.*, CXXXVII, 186, CL, 208.

Il faut se garder contre « le vent de la crainte servile. » Mais aussi, ce n'est pas moins grave, gare à la présomption ! et Dieu commande à sa servante de ne point vouloir envoyer et voir tous ses serviteurs par cette voie où elle marche. Mais seulement, qu'elle leur montre la voie de l'abnégation et de la soumission parfaite[1].

Ce défaut d'être trop active, et suractive, Dieu le lui montre en lui répétant : « Je suis celui qui me délecte de peu de paroles et de force opérations[2]. » Mais elle peut répondre que sa torrentueuse éloquence et ses paroles quotidiennement déchaînées sont des « opérations ». Elle n'en doute pas. C'est seulement au lit de mort, qu'elle concevra quelque angoisse, en revoyant cette vie pleine de discours et d'exhortations.

Comment se contenir ? le Dieu-Amour la pénètre de plus en plus. « L'amour porte toute chose, à savoir l'Esprit-Saint. Il est cette lumière, qui chasse toutes ténèbres, il est cette main qui soutient l'univers. Soyez, soyez enamourés de Dieu, délectant en lui votre âme et votre conscience. » Foin de la raison, qui « devient animal par le péché ». La vie est ailleurs. « Quelle est la voie et la doctrine de l'Esprit-Saint ? rien autre que l'Amour ; car toutes les autres vertus sont vertus par cet Amour même. »

[1] *Dial.*, XCIV, 120, CLV, 133.

[2] *Dial.*, XI, 40. *Lett.* 141, 142, 144, 197. *Dial.*, XI, 45.

La charité même doit être discrète. La discrétion est une vertu primordiale : « Puisque l'âme a pour vase le corps, il sied que cette lumière règle ledit corps : de même qu'elle a été mise en l'âme pour servir à l'accroissement de la vertu. La vertu de la charité doit être assaisonnée dans la lumière de la vraie discrétion. »

L'épreuve est bonne, elle est utile, elle est désirable : « Il n'est point bon chevalier, qui ne s'éprouve sur le champ de bataille. Ainsi votre âme se doit éprouver à la bataille des tribulations nombreuses[1]. » Le chrétien doit non seulement accepter les maux personnels, mais se substituer aux maux et aux péchés d'autrui : Catherine, en recevant pour disciple son cher Néri, lui écrivait : « Vous m'avez demandé de te recevoir pour mon fils. Aussi moi (mettons de côté que je suis indigne et malheureuse et misérable), je t'ai déjà reçu et te reçois avec affectueux amour, et m'oblige à jamais, et m'obligerai devant Dieu à entrer en caution[2] pour toi, à chaque iniquité par toi commise, ou à commettre. » N'avait-elle pas reçu promesse du salut éternel pour tous ses disciples ? Elle citait, suivant son étrange coutume de s'appliquer à elle-même les paroles du Maître, le verset de saint Jean : « Ceux-là que vous

[1] A sa mère. *Lett.* 201.

[2] *Riccolta ;* c'est ainsi que Gigli explique le mot « ricolta », le sens de « retraite » serait possible. *Lett.*, 303-301.

m'avez donnés, je les ai eus en garde. » Et, s'exaltant dans sa charité rayonnante : « Si tous les péchés se pouvaient unir, s'écriait-elle, en un corps d'un seul homme, et qu'en celui-là demeurât la vraie espérance et la vive foi dans l'infinie miséricorde, point ne pourrait le démon empêcher que nous ne participions et recevions le fruit du sang du Fils de Dieu, lequel le doux Jésus répandit dans la volonté d'accomplir l'obéissance à son Père, et notre salut[1]. »

Cette Charité souveraine donne la règle et montre la voie : « Et donc, je vous prie doucement, écrit Catherine au sénateur de Sienne, Pierre marquis du Mont, — je vous prie doucement, dans le Christ Jésus, que nous suivions cette voie, et ces règles des vrais et saints commandements, les observant jusqu'à la mort, avec la mémoire du sang du Fils de Dieu, à cette fin que nous soyons plus animés à les observer. O qu'elle est douce, cette servitude qui rend l'homme libre de la servitude du péché[2]. »

Ce qui nous éclaire la voie, c'est « la lumière de la très sainte Foi, laquelle lumière est la pupille de l'œil de l'intelligence, avec lequel œil muni de la lumière de la très sainte Foi, l'âme connaît la douce vérité de Dieu, voyant en vérité que Dieu ne veut rien autre que notre sanctifica-

[1] *Lett.*, 61, aux moines de Cervaia.

[2] *Lett.*, 242, 29 *bis*, 37.

tion ». — « La douce vérité de Dieu », paroles dignes de répondre aux Evangiles de l'amour! Et cette lumière du vrai, comme elle la fait resplendir, dans une lettre à l'évêque florentin Ange de Ricasoli! « Sachez que sans cette lumière nous marcherions dans les ténèbres, et nous ne serions point de fidèles, mais d'infidèles époux de la vérité, car cette lumière est le moyen qui rend l'âme fidèle, en l'éloignant du mensonge de la sensualité propre, et la faisant courir suivant la doctrine de Jésus crucifié, lequel est cette vérité même. C'est elle qui rend le cœur mûr, ferme, et non changeant, c'est-à-dire que par fatigue il ne se meut point avec impatience, ni, pour se consoler, avec une allégresse désordonnée; si bien que l'homme par elle est ordonné et réglé dans toutes ses mœurs. » Sans elle l'homme est un néant; par elle, il se relie à Dieu : « Et nous ferons mûrir les fruits de la vertu dans la mémoire du sang de Christ crucifié, avec vraie humilité, ainsi qu'il est dit, connaissant que nous ne sommes point; mais que l'Etre, et toute grâce fondée sur l'Etre, nous le tenons de Lui[1]. » Et comment l'âme est-elle parvenue à cette douce perfection par la lumière? Parce que devant l'œil de l'intelligence elle s'est posé pour objet la vérité de Christ crucifié, goûtant sa doctrine par affection

[1] *Lett.*, 21, 13.

d'amour. » Elle montre les trois ennemis, le démon, le monde et la chair, qui poussent au péché ; le Maître a dit : « Celui qui fait le péché, devient esclave du péché[1]. » Il convient de fuir la malice du démon, les honneurs du monde et ses plaisirs, il faut se mortifier par la pénitence, par le jeûne, par les veilles et l'humble, la continuelle oraison. Ceux qui sont forts sont libres. Notre-Seigneur a dit : « Vous connaîtrez la vérité, et la vérité vous libérera. » C'est vers ce but sublime que « va courir la volonté, comme ivre du sang du Christ, là où elle a trouvé l'abîme de sa Charité à aimer. »

Les trois ennemis, démon, chair et monde, « nous contristent jour et nuit, et ne dorment jamais[2] ». Pour leur résister « Dieu nous pourvoira d'autant que nous espérerons en lui. Et donc espérons en lui avec tout notre cœur, avec tout notre amour, et avec toutes nos forces. Ce n'est point avec la puissance humaine, mais avec la sainte vertu que vous transpercerez les démons visibles des créatures iniques, et les invisibles démons, toujours en éveil sur nos têtes... Autrement, on ne serait point serviteur du Christ, mais on deviendrait serviteur et esclave de sa propre sensualité, laquelle prive l'homme de cette constance et le fait pusillanime avec petit cœur et débile ».

[1] S. Jean, VIII, 34. — *Lett.*, 29 et suiv.
[2] *Lett.*, 172, 23, 16-17.

Elle fait monter au pied du Crucifix, et jusqu'à des hauteurs inouïes, son désir sublime en la Croix de notre Sauveur[1] : « Vous mangez à la table de la Très Sainte Croix la nourriture de l'honneur de Dieu et du salut des âmes. Et Dieu ne veut point qu'il soit mangé autrement qu'en croix, supportant les peines corporelles avec force anxiétés, et désirs, ainsi que fit le Fils de Dieu, lequel, ensemble comme il soutenait les tourments dans son corps, et la peine du désir, plus grande était la Croix du désir, que n'était la Croix corporelle. Son désir était celui-ci : la faim de notre Rédemption, pour accomplir l'obéissance au Père Éternel. Et cela lui faisait peine, tant qu'il ne le voyait point accompli... Et cela fut ce torturant désir, qu'il porta du principe à la fin. Mais, une fois qu'il eut donné sa vie, le désir ne cessa pourtant point, mais bien la croix dans le désir. »

Voici la Croix, sommet de l'œuvre, gonfalon divin, but suprême[2]. « Et aussi Jésus-Christ a dit : « Quand je serai élevé en haut, je tirerai à moi toute chose », attendu que par le mélange que l'homme a fait de lui-même au sang de Jésus crucifié, il est attiré à l'aimer, s'il suit la raison, et ne se l'ôte point par l'amour de sa propre sensualité.

[1] *Lett.* 28.

[2] *Lett.*, 294.

« Entraîné donc qu'est le cœur à aimer son bienfaiteur, tout est entraîné, à savoir le cœur, l'âme et le sentiment avec toutes ses opérations spirituelles et temporelles, attendu que les puissances de l'âme, qui sont chose spirituelle, sont entraînées par cet amour.

« Aussi la mémoire est attirée par la puissance du Père Éternel, et se trouve contrainte de retenir les bienfaits reçus de lui, et à en avoir souvenir par affection d'amour, et en être reconnaissant et conscient. L'intelligence s'élève dans la sagesse de cet Agneau immaculé, à regarder en Lui le feu de sa charité, où elle voit justes tous les jugements de Dieu ; car ce que Dieu permet, il le fait par amour, et non par haine de quelque chose que ce soit, ou prospérité, ou adversité. Et donc, tiens et reçois toute chose par amour, attendu que si autrement avait voulu la sagesse de Dieu, c'est-à-dire son Fils, point ne nous eût donné la vie.

« Et donc, l'âme illuminée en cette vraie lumière, ne se plaint d'aucune fatigue qu'elle ait à soutenir ; mais bien, si la sensualité se voulait plaindre, avec la lumière de la raison elle la fait tenir coite[1]. » Puisque « rien de grand ne se fait jamais sans moult pâtir », la « faim et désir du salut des âmes » doit nous animer uniquement, et « de ce que l'on a reçu, l'on doit faire largesse aux autres ».

[1] *Lett.*, p. 294, 23, 11, 8, 9, 22.

C'est la sainte Église qui doit lever en avant de tous ce gonfalon de la Croix. Aussi, « plus de simonie, ni de grandes délices ; plus de gens qui jouent avec le sang du Christ ; ni encore que le bien des pauvres, et celui de la sainte Église soit joué, et que l'on tienne un jeu de filous dans le lieu qui doit être le temple de Dieu [1]. J'ai, s'écrie Catherine, grand vouloir de donner mon sang et ma vie, et de distiller la moelle de mes os dans la sainte Église, toute indigne que je sois... Je n'en puis plus ! »

Pourtant, même les mauvais prêtres, qu'elle sait si bien rudoyer, ont droit au respect du chrétien. Leur démérite laisse intacte la valeur des sacrements qu'ils administrent [2] : « Ce sont mes christs (mes oints), dit le Seigneur. Aussi vous les devez aimer, et révérer leur autorité, que je leur ai donnée, et vous le savez bien, que si un immonde et mal vêtu vous apportait un grand trésor, dont vous tireriez la subsistance, par amour du trésor et du seigneur qui vous l'enverrait, point ne haïriez le porteur, nonobstant qu'il fût en guenilles et immonde. » C'est en observant ces maximes qu'on « aura la victoire dans la mémoire du sang », c'est ainsi que l'on parviendra jusqu'à la vérité, qui est « ce qui délivre ».

« Personne ne cherche Dieu », soupirait une

[1] *Lett.*, 22, 23. 9.
[2] *Dial.*, CXX, 154, CXXI. — *Lett.* 57, 21.

grande abbesse à la fin de sa triste carrière. Catherine, en toutes ses œuvres comme en toutes ses paroles, a toujours cherché Dieu. Par là, ses paroles même demeurent des œuvres, et sont efficaces. Par là, les défauts disparaissent dans cet amas de pages où l'on glanerait, à travers la fatale monotonie et les répétitions parfois fastidieuses, de quoi faire un chef-d'œuvre spirituel. Et quelques-uns, fervents disciples du seul Évangile et des tout premiers apôtres, diront peut-être : « Pourquoi tant et tant de paroles, autour des paroles sacrées ? Dieu nous a dit : « Vous prierez ainsi. » Dieu nous a laissé l'Évangile et les Épîtres. Qui les lit, et les relit, et les médite, a-t-il donc besoin d'autre chose ? — Mais il faut reconnaître que bien des âmes, et des meilleures, ont besoin d'autre chose encore, et qu'elles veulent être aidées à l'oraison, éclairées et guidées à la méditation, encouragées à l'action : c'est pour elles que fut écrite la littérature spirituelle, et sans doute, avec l'Écriture, saint Thomas d'Aquin et la liturgie, — ces inépuisables trésors, — on retrouverait l'origine de tout ce que dicta Catherine ; mais ne retrouverait-on pas aussi les sources de ce livre qui dépasse tout livre humain : l'*Imitation ?* Il faut beaucoup de semences, tombées un peu partout, pour que la moisson des âmes soit opulente. Et l'essentiel, ce qui est la marque des saints et la cause de leur pouvoir, c'est qu'on puisse dire, avec un ancien biographe de saint François d'Assise : « Ce génie pur de toute souillure pénétrait les secrets des mystères, et, là où la science des maîtres reste dehors, on voyait entrer l'affection de l'Amour [1]. » C'est par l'Amour et pour l'Amour de Dieu que Catherine a fait son *Dialogue* et ses *Épîtres*.

[1] Celani *vita*. 2, p. 3 ap. *S. P. Fr. Assis. vita et doctrina*, etc. Assisi, 1899, in-12, ch. XLIII, p. 257.

VI

LUTTE SUPRÊME. LA VENUE A ROME. LE SCHISME. EFFORTS ET MALADIE DERNIÈRE DE CATHERINE.

VI

LUTTE SUPRÊME. LA VENUE A ROME. LE SCHISME. EFFORTS ET MALADIE DERNIÈRE DE CATHERINE.

Après cette halte mystique, dans sa patrie qu'elle voyait pour la dernière fois, à la fin de ce testament spirituel que Dieu lui permet d'achever, il faut à Catherine une dernière lutte avec le monde, encore plus cruelle et plus difficile que toutes. Épreuve suprême, le schisme a commencé, qu'elle prédisait dès trois ans auparavant. « L'Antéchrist, l'archidémon », lève la tête contre le vrai Pasteur. C'est ainsi du moins que Catherine considère l'autre Pontife, Clément VII, que défendra saint Vincent Ferrier après Jean Gerson.

Nous nous refusons à décider en pareille matière. Il y a là des éléments qui sont en dehors de l'histoire, et l'histoire n'y touche pas. Redisons avec un autre saint, italien et florentin, saint Antonin : « Jamais cette question ne put être tranchée de manière qu'elle ne restât point douteuse aux yeux du plus grand nombre[1]. » Un

[1] V. la plus récente hist. du schisme. *La France et le grand*

sage érudit ne craint pas d'écrire que « pour arracher le Pape à la France, on faillit perdre le Pape et la religion ». Et les Bénédictins jugeront que « la mémoire d'Urbain VI sera éternellement odieuse ».

Mais Catherine, Italienne, ultramontaine dans les fibres et dans toutes les gouttes de son sang. Catherine, ouvrière du retour à Rome, a proclamé que « l'honneur de Dieu croît tous les jours plus[1] ». Ce Pape Urbain VI, que ceux du Nord trouvent « trop fumeux et mélancolieux », dont ils parlent en l'appelant « celuy qui s'escripsoit Pape Urbain VI de Romme[2] », c'est son Pape et son chef unique. Ce royaume de France que d'autres nommeront « la fontaine de chrétienté, d'excellence et de créance », ce n'est pour elle qu'un repaire et une sentine, puis qu'on y croit en Clément VII. « Nous sommes préparés, dit-elle à Urbain VI, préparés à être obéissants à Votre Sainteté, et à souffrir jusqu'à la mort, en vous aidant avec les armes de la sainte oraison, et en semant, et annonçant la vérité en quelque lieu qu'il plaise à la volonté de Dieu, et à Votre Sainteté[3]. »

schisme d'Occident, par Noël Valois. Paris, 1896. — Le point de vue italien ap. Capecelatro, *op. cit.*, l. VIII. — J. V. Le Clerc. *Disc.*, I, 12. — *Art de vér. les dates*, I, 321.

[1] *Lett.*, 341.

[2] Froissart, II, XLVIII et CCVII.

[3] *Lett.*, 23.

Ce lieu, pour elle, ce fut Rome, où le Pape Urbain VI l'appelait avec ses disciples. Et elle y vint, persuadée de lutter contre l'Antéchrist en combattant l'élu de Fondi, le cardinal Robert de Genève, faux Clément VII.

Elle avait désiré le combat : le combat venait. Blâmée par maintes personnes de Sienne, par les sœurs même de son Ordre, qui la trouvaient un peu bien nomade pour une Tertiaire[1], elle voulut un ordre formel du Saint-Père. « Ils disent, écrivait-elle à son confesseur qui la précédait à Rome, ils disent que c'est inconvenant pour une vierge et une religieuse de courir ainsi çà et là. Si néanmoins le vicaire du Christ veut absolument que je vienne à Rome, que sa volonté soit faite, et non la mienne. En ce cas, veuillez me consigner ses ordres par écrit, à cette fin que ceux qui se scandalisent voient bien que je n'entreprends pas ce voyage de mon plein gré. »

L'ordre vint. Elle se hâta de partir. Avec elle étaient convoqués : Barthélemy Serafini, chartreux ; Jean des Cellules, moine camaldule de Vallombreuse ; Jean de Valgracieux, chartreux à Calci ; Luc, des Humiliés florentins ; le dominicain Thadée d'Orvieto ; le Frère mineur Léonard de Montepulciano ; et Frère Guillaume de Flete,

[1] R. de Capoue, III, 1.

Anglais, hermite de Saint-Augustin[1]. Gerbe d'amis et de disciples éprouvés, que vinrent grossir d'autres amis, d'autres disciples, durant ces longs mois du séjour.

Partie de Sienne le 28 novembre 1378, la petite cohorte arrivait à Rome pour le premier dimanche de l'Avent. On habita d'abord rione della Colonna ; puis, on s'installa via di Papa, entre la Minerve et le Campo di Fiore ; il y a là maintenant une église. On était en face des sœurs de Sainte-Marthe. Dès le 30 novembre, Lando di Francesco, ambassadeur de Sienne, écrivait aux « seigneurs défenseurs du Peuple et cité » : « Catherine, fille de Donna Lapa est arrivée ici, et Notre-Seigneur, Messire le Pape l'a vue volontiers et ouïe. On ne sait ce qu'il lui a demandé, mais seulement que volontiers l'a vue[2]. »

Catherine commença par l'allégresse du devoir accompli : « Nous sommes arrivés ici, écrivait-elle, le premier dimanche de l'Avent, en grande paix, *con molta pace.* » Paix éphémère, pour cette âme si étroitement attachée aux destinées de la sainte Église. Paix fragile ; elle savait bien, elle l'avait dit, qu'il faudrait tout refaire « de fond en comble ». Paix impossible : et elle mourra, sans la con-

[1] *Legg. min.*, 234, 235, 278. — *Proc.*, mss., fol. 54. — *Lett.*, 54, 71, 130, 135.

[2] *Legg. min.*, 272 et 357.

naître après avoir tant supplié, et lui avoir donné sa vie.

« Cette petite femme nous confond[1] », s'écriait le Pape, après que Catherine eut fait en sa présence et devant tous ses cardinaux, un discours sur le schisme; c'est le Saint-Père qui lui avait imposé l'argument. « La conclusion fut que point ne se devaient effrayer, mais bien faire l'œuvre de Dieu, sans craindre personne. »

Le Pape songeait à charger d'une ambassade celle dont il éprouvait l'ardente influence; déjà une mission en France, confiée au Frère Raymond avec plusieurs autres, allait enlever à Catherine son confident le plus sûr. Maintenant, c'est elle-même que le Saint-Siège voulait envoyer, et vers qui? vers cette reine Jeanne de Naples, dont les vices se compliquaient encore par la rébellion contre l'Église et l'adhésion à l'Antipape; on devait adjoindre Catherine de Suède, mais elle refusa tout net, et son refus entraîna le renoncement du Pape à cette périlleuse idée.

Catherine était au lit, malade, sans forces. Elle se souleva pourtant, d'un geste indigné, pour blâmer les pusillanimes qui lui mesuraient les périls matériels et spirituels. Au milieu de ses vingt-six compagnons, pauvre petite communauté qui vivait d'aumônes, elle était parfois

[1] R. de Capoue, III, I.

obligée, elle qui ne mangeait plus rien, à multiplier par la force de son pouvoir surnaturel les provisions qui manquaient, le pain qu'on avait oublié. Dès qu'elle pouvait se lever, c'était pour visiter les pauvres, ses vrais frères. Et toujours, mourante ou vivante, elle ne cessait de dicter lettres sur lettres, pour tenir à flot la barque de saint Pierre si durement ballottée.

Les vagues prophéties d'un Joachim de Flore occupaient même les âmes les plus fermes : un Jean des Cellules[1] écoutait les échos venus de Paris, où l'on prédisait la fin prochaine de la Papauté.

Cependant, la nouvelle année, 1379, s'ouvrait bonne pour Urbain VI et ses partisans. Le premier janvier, Catherine pouvait écrire[2] à Pierre Ventura et à Étienne Maconi : « Venez-vous-en ici bien vite. La sainte Église et le Pape Urbain VI, par la douce bonté de Dieu, a reçu ces jours-ci les plus excellentes nouvelles qu'on ait eues depuis longtemps. » L'Anglais, le Hongrois, se déclaraient pour Rome. Autre joie : Sienne était tout entière ralliée au Pape Urbain. L'un des disciples, « brebis perdues » qu'elle y avait laissés, tout éparpillés, « molto sciolti, » écrivait à Néri[3] : « Quant au fait du Saint-Père, je ne crois

[1] *Lettre* du 6 décembre 1378, ap. Gardner, 299.

[2] *Lett.*, 283.

[3] *Legg. min. Lett. di discep.*, XI, p. 273-274.

pas qu'il soit une seule personne à Sienne, pour ne pas tenir et ne pas croire que le Pape Urbain soit le vrai Pasteur de la sainte Église ; et s'il vient céans des ambassadeurs de l'Antipape, on ne les écoutera point. »

Mais les « grants tribulations[1], » n'étaient pas finies. Dans toute l'Europe, flagellants, Albigeois, Bégards, Patarins, et des religieux hérétiques en Aragon, et les Adamites à Paris, sans compter Wiclef présageant la réforme en Angleterre, toute la sale clique des rebelles recommençait à fourmiller[2]. Dans toute l'Italie, Catherine s'exténuait à contenir, à ramener princes ou princicipules, cités ou ducs, cardinaux même, qui oscillaient suivant ce qui leur semblait l'intérêt de leur propre cause. « Vous ne deviez point être Judas », répétait cette âme sublime à ces caractères trop humains.

Conciles ou batailles, appel aux armes spirituelles, ou combats au château Saint-Ange, il fallait parer à tout, et rappeler le roi de France, et prêcher la reine de Naples. Triomphant au combat de Marino, qui lui rendait aussi Rocca di Papa, les Castelli, et l'appui des Orsini, le Pape Urbain pouvait dater du 12 juin un Bref triomphal. Mais il exagérait ses espérances. Clément VII ne désarmait point. Il fallait renvoyer

[1] Froissart, II, XLIX, anno 1379.
[2] J. V. Le Clerc, *loc. cit.*, I, 29.

encore une fois le Frère Raymond auprès du roi de France. A Gênes, le dominicain prêchait la croisade urbaniste, il prenait sans cesse les ordres et les conseils de Catherine. Les déceptions pleuvaient sur la pauvre fille malade. On emprisonnait ses disciples, Florence était ingrate, il fallait raffermir Pérouse, le Pape usait et abusait de l'effort toujours prêt et de l'abnégation absolue que lui offrait Catherine ; on compromettait son ingénuité et l'on usait ses forces aux plus périlleuses besognes, pour les interventions désespérées.

Dans Florence décimée par les démagogues, on avait arrêté, jeté dans les cachots du Bargello, les *Stinche*, son cher enfant spirituel, Giannozzo Sacchetti[1]. « J'ai su, écrivait Catherine à ses amis Barthole Usimbardi et François de Pépin, le tailleur, — j'ai su comment Giannozzo est prisonnier ; ne sais combien il y sera. J'ai plaisir à ce que vous, François, m'en écrivez, c'est-à-dire que vous ne l'abandonniez jamais ; et ainsi vous commande, de la part de Jésus crucifié, que fort souvent le visitiez, le réconfortiez, et lui subveniez en ce qui vous est possible ; pensez que Dieu ne nous réclame pas autre chose, sinon que nous manifestions à l'égard de notre prochain l'amour que nous avons pour Lui. Je vous le recommande

[1] Florence. *Bibl. naz.*, mss. XXXVIII, 130, ap. Gardner, appendix. VI, p. 418.

strictement, et dites-lui de ma part qu'il se montre bon chevalier, en inclinant présentement la tête sous la douce volonté de Dieu. Réconfortez-le bien de ma part et de celle de toute cette famille d'ici, qui tous en ont grand'compassion. Quand Dieu le permettra, je lui écrirai une lettre. » La lettre ne fut point écrite. La fin de la « douce maman » approchait. La petite famille sainte allait se trouver orpheline. Du moins, le prisonsonnier fut bientôt relâché ; il se remit à conspirer et à nouer des intrigues. Repris, et condamné sur la sentence de son propre frère Franco (l'homme de lettres), Giannozzo fut décapité. Il y avait un peu de tout, dans le troupeau de Catherine. Et cette fois, elle ne put soutenir entre ses mains pâles la tête du conspirateur.

VII

LES DERNIERS JOURS. MORT DE CATHERINE

VII

LES DERNIERS JOURS. MORT DE CATHERINE

Vers la fin de 1379, Catherine et les siens changèrent de maison. En quittant le rione della Colonna, on espérait revoir bientôt Sienne : elle n'y revint jamais. Le 4 décembre, elle écrivait à Néri Pagliaresi, qui se trouvait à Naples[1] : « Nous avons pris logis près de Saint-Blaise, entre le Champ des Fleurs et Saint-Eustache, et nous pensons revenir avant Pâques, s'il plaît à Dieu. »

Mais elle avait « si fort œuvré pour la sainte Église », qu'elle n'en pouvait plus. Depuis longtemps, elle ne pouvait rien manger. Elle suçait quelques herbes crues, les recrachait, après avoir exprimé les sucs, elle buvait un peu d'eau froide. Et cela, depuis des années[2]. L'estomac, le foie, les entrailles, réduits à rien, atrophiés et décomposés, torturaient la patiente. Elle ne laissait pas d'écrire au Pape un vrai testament politique, et de ressentir les agitations qui marquaient le

[1] Gardner, p. 329, ch. xv. C'est la maison près de la Minerve, via S. Chiara.

[2] Détails dans R. de Capoue, II, v.

début de l'année. Mais elle était épuisée, consumée. « Une heure de prière exténuait plus ce pauvre petit corps que deux jours d'estrapade n'auraient fait une autre personne », écrivait Barduccio Canigiani. Et voici les aveux de Catherine elle-même, en ces lettres où elle prend congé de son cher confesseur absent : douleurs du corps et tortures spirituelles, assauts démoniaques et convulsions frénétiques, hallucination, cris et mort apparente, rien n'y manque [1] : c'est le dimanche de Sexagésime, 29 janvier 1380, que commençait la crise suprême, qui devait durer tant de semaines. « Il me resta, dit-elle, une telle douleur au cœur, que je l'ai encore. Tout plaisir et rafraîchissement, et tout aliment me fut lors ôté ; et ayant été portée dans la chambre d'en haut, la chambre me paraissait pleine de démons, et ils commencèrent à me livrer une bataille autre et plus terrible que jamais, me voulant faire croire, et voir, que je n'étais point celle-là qui était en mon corps, mais quasi un esprit immonde. » Elle appelait Dieu au secours durant ce délire atroce, qui dura deux jours et deux nuits.

Le jour de la Purification, elle voulut entendre la sainte Messe. Et la Bonté divine lui permit d'entrevoir « le salut de son peuple. » Elle se traînait à Saint-Pierre, qui est loin, et elle y res-

[1] *Lett.*, 128-130. — *Leg.*, III, II. *ad finem.*

tait jusqu'à vêpres, priant pour l'Église. « Mon corps ne prend aucun aliment, pas même une goutte d'eau, et tant de doux tourments corporels que je n'en ai jamais eu de pareils, si bien que ma vie tient à un poil. » Elle recommandait que l'on recueillît ses écrits, « pour la plus grande gloire de Dieu », et que sa famille spirituelle fût toujours unie et fervente.

« Trinité sainte, disait-elle naguère[1], je vous offre ma vie pour la réforme de l'Église. Hâtez-vous de l'accepter! » Le troisième dimanche de Carême, comme elle priait, à Saint-Pierre, devant la mosaïque d'or où Giotto, en 1298, avait figuré l'esquif de saint Pierre aux parois de la basilique[2], elle crut voir la barque de la sainte Église placée sur ses propres èpaules, et elle défaillit, écrasée. Ses disciples la transportèrent mourante, et la remirent sur le grabat d'où elle ne se leva plus.

Le 24 mars, le Frère Barthélemy Domenici[3] arrivait à Rome; ce Prieur du couvent siennois, fervent disciple, accourait sans tarder, ce samedi saint, auprès de sa mère spirituelle : « J'arrivai, dit-il, à Rome vers l'heure du soir. Catherine était fort gravement malade, de cette langueur qui lui fit quitter son corps et le présent siècle.

[1] *Oraison*, XXII, in Roma il dì della Circoncisione.

[2] On sait que la *navicella*, déplacée, transformée, est à présent au-dessus de l'entrée du milieu, à l'intérieur de la façade.

[3] *Processus*, ap. *Legg. min.*, 244.

Je me rendis sans retard à la maison où restait la vierge sainte, sans savoir pourtant qu'elle était au lit. Et, comme j'entrais dans la maison où elle restait, on me notifia sa grave infirmité. J'entrai donc tout triste auprès d'elle. Mais je la trouvai gisant sur des pieux qu'entouraient des planches à la mesure de son chétif petit corps, en long et en large. Or, les planches dépassaient au-dessus des pieux, si bien qu'elle semblait comme au cercueil. Je m'approchai du petit lit, croyant, à l'ordinaire, pouvoir parler familièrement avec elle. Et donc, quand je fus tout auprès, je vis ce petit corps tellement réduit à rien, qu'on aurait aisément pu compter tous les os et les nerfs un par un. Il était aussi décharné que s'il eût été calciné depuis longtemps déjà par les ardeurs du soleil, malgré qu'elle fût d'ordinaire assez douée de beauté. » Saisi d'un horrible respect, à cette vue, le bon Prieur parvint cependant, en collant son oreille contre la bouche de la mourante, à recueillir un mot d'espoir et d'amour en Notre Sauveur. Le lendemain matin, jour de Pâques, il célébra la sainte Messe au pied du grabat : et l'on vit Catherine se relever de son demi-cercueil, sans aide, s'approcher de l'officiant et recevoir l'Eucharistie avec ses frères et ses sœurs en Dieu. Puis elle retomba dans sa faiblesse; mais les saintes espèces l'avaient ranimée justement assez pour lui permettre des entretiens suprêmes avec son ami, et lui laisser la joie de préparer l'élection du Frère Raymond au Généralat de l'Ordre.

Peu de jours après, Catherine voyait arriver Étienne Maconi, qu'une voix secrète avait prévenu, durant sa prière aux cryptes de l'hôpital, à Sienne, comment sa « très douce maman » allait mourir. Elle lui fit écrire aux frères de Sienne que « le Seigneur allait exercer sa merci sur elle ».

Elle allait atteindre ce que le doux Chartreux appelle « le terme de son pèlerinage ». Elle pouvait redire et redire, en son agonie, ces mots de saint Paul, qu'elle aimait tant[1] : « J'ai combattu le bon combat. J'ai consommé ma course. J'ai gardé la Foi. Au reste, elle est mise de côté pour moi, la couronne de justice que m'octroiera le Seigneur. » Et le Seigneur lui avait décrit par avance cette heure de la juste mort : « O fille très chère, à ces justes-là point ne nuit la vision des démons, parce que la vision de Moi est en eux, laquelle leur Foi leur fait voir et leur amour posséder ; et attendu qu'il n'y a point en eux de venin du péché, leur noirceur et horreur ne leur donne point de tourment, car ils ne sentent point de crainte servile, mais une sainte crainte... Tu le verras dans la dernière extrémité de la mort, où tu ne pourras trouver remède en aucune de

[1] S. Paul. *Ac. Timoth.*, II, IV, 7. — *Lett.*, 57. — *Dial.*, CXXXI, CXXIX, CXLV, LXXVII.

tes forces, car tu n'en as qu'en ma miséricorde... Or donc, les justes glorieusement passent de ce monde, baignés au sang divin ; toute leur vie les met en paix, et ils reçoivent dans la mort ce que dans le jour de leurs vœux le prélat qui les consacrait leur a promis : à savoir la vie éternelle, vision de paix et de suprême et éternelle tranquillité et repos, un bien inestimable, et infini... Et l'âme, sortie du champ de bataille, retourne à moi, son Père, éternel rémunérateur de toutes ses peines, et reçoit de Moi la couronne de gloire. »

Elle eut la force d'indiquer à chacun des siens ce qu'il devait faire après qu'elle serait morte ; et c'est alors qu'elle dit à Étienne Maconi : « Pour vous, je vous ordonne de par Dieu que vous entriez dans l'Ordre des Chartreux, le Seigneur le veut, et vous appelle ». Dans la nuit qui s'écoulait du samedi au dimanche après l'Ascension, deux heures avant l'aurore, une crise si violente la saisit, qu'on pensa la voir expirer. Elle faisait signe qu'il lui fallait la sainte absolution. L'abbé de Saint-Anthime lui donna l'extrême-onction. Elle semblait sans connaissance, mais le sacrement la ranimait une fois encore.

L'antique ennemi lui livra son dernier assaut, lâche et traître. Lucifer voulut la nombrer parmi les siens, ceux de l'orgueil, et l'accusa de « vaine gloire », d'avoir cherché les honneurs et les applaudissements du monde, d'avoir été présomptueuse. Durant une heure et demie, le pauvre visage émacié se crispa, les bras repoussèrent l'abominable accusateur : « De la vaine gloire, jamais, murmurait la mourante. J'ai constamment procuré la vraie gloire et louange du Dieu Tout-Puissant. » Puis elle garda le silence, et reprit : « Péché, Seigneur, j'ai péché. Ayez pitié de moi. » Plus de « soixante fois », elle répète ces paroles, en levant sa main droite pour attester, et en frappant avec la paume sur les planches de son grabat. « Miserere mei, sancte Deus », redisait-elle. Enfin, elle sembla sortir d'un abîme ; elle rayonnait. Son visage resplendissait, une joie surhumaine illuminait ses yeux en pleurs.

Appuyée contre le sein de sa chère Alessia, elle voulut se mettre sur son séant. Les regards attachés sur la Croix d'un reliquaire, elle se mit à confesser ses péchés. Elle demandait l'indulgence plénière que lui avaient accordée les Papes. On la lui dispensa. Elle couvrit encore ceux qui l'entouraient de conseils et de bénédictions. Enfin, elle fit le signe de la Croix, bénit encore ses amis, et murmura : « Oui, Seigneur Dieu, vous m'appelez, je vais à vous. Je viens, non pas à cause de mes mérites, mais par votre unique miséricorde ; et, cette miséricorde, je vous la demande au nom de votre précieux sang. » Et, redisant ce nom qu'elle invoque en toutes ses Lettres, elle s'écria plusieurs fois : « O sang, ô sang ! » Puis elle finit en disant : « Dans vos mains, Père, je remets mon âme. » Une allégresse angélique brilla sur son visage, elle inclina la tête : la « couronne de vie » se posait sur son front. C'était le dimanche en la fête de saint Pierre martyr, le saint dominicain, à l'heure de sexte, l'heure brûlante de midi, célébrée par Dante au terme de son Paradis[1].

[1] Lettres de Bard. Canigiani. — Et. Maconi., ad Process. — Dante. *Par.*, XXX, 2.

VIII

CARACTÈRE ET INFLUENCE DE CATHERINE

VIII

CARACTÈRE ET INFLUENCE DE CATHERINE

Ensevelie par ses disciples, portée presque en secret par Étienne Maconi et ses amis à l'église dominicaine Sainte-Marie sur Minerve « où elle fut déposée en un coffre de cyprès et sous un beau monument », la frêle dépouille de la Siennoise reposait dans cette Rome où ses efforts lui avaient bien mérité de mourir. Ses funérailles officielles avaient réuni le sénateur de Rome Jean Cenci, dans un *Requiem* offert au nom du Peuple romain, et la Rome pontificale, avec les pompes prodiguées par l'amour d'Urbain VI à celle qui l'avait tant défendu. Et, sur la tombe de sainte Marie-soprà-Minerva, les miracles commençaient[1].

Le souvenir que cette morte, à jamais vivante, laissait après son court passage « pour la croix, et non pour la joie », on peut le ressusciter en

[1] Ses reliques y sont sous le maître-autel. Près de la sacristie sa « chambre mortuaire ». C'est la même église où repose Fra Giovanni Angelico.

glanant à travers ces pages qu'elle recommandait aux soins des disciples.

Et d'abord, en voyant combien elle fut militante, il faut songer que l'action est propre aux saints d'Italie. Au XIIIe siècle, c'est sainte Rose de Viterbe qui avait soulevé le peuple contre l'empereur Frédéric II. Et sans doute « aucun de ceux qui militent pour Dieu ne se doit impliquer dans les affaires séculières, *nemo militans Deo implicat se sæcularibus negotiis* », mais c'est les affaires de Dieu qu'elle a prétendu faire, au prix de sa vie. Une croyante d'Italie ne pouvait supporter de voir Rome, durant la Papauté d'Avignon, déchirée, souillée, désertée. Une femme ardente, affiliée à l'Ordre de saint Dominique, devait agir de tout son cœur pour ce qu'elle croyait de Dieu. Devant une société fondée sur la guerre, la force et le vice brutal, une telle femme a dressé, non plus la gaie, la simple Charité de saint François, mais l'actif mysticisme de la théologie dominicaine. Catherine est une de ces rares et très rares mystiques qui s'adressent immédiatement, de la part de Dieu, aux supérieurs ecclésiastiques. C'est qu'elle ne doutait pas un seul instant de sa mission.

« Je vais cherchant toujours, écrivait-elle à sa mère, l'honneur de Dieu et le salut des âmes. Sachez, très chère mère, que moi, votre misérable fille, je ne suis pas mise sur terre pour autre chose, c'est à cela que m'a élue le Créateur[1]. » Humble d'ailleurs, se traitant d'égoïste et de malheureuse, elle disait : « Le temps est court, le chemin est long. Je suis une pauvre misérable, car mes péchés se sont tant multipliés, que jamais, mon frère, depuis votre départ, je ne me suis trouvée digne de recevoir le très doux et vénérable sacrement de l'Eucharistie[2]. » Si donc elle venait ou ne venait pas, c'était suivant l'ordre de Dieu, de ce Dieu qui devait enfin la conduire « en un lieu où elle le verrait face à face ». Pour mériter ces ordres, pour être digne de les exécuter sur terre « elle invoquait, et réclamait la miséricorde divine, afin qu'elle pourvût à tant de maux, désirant que son corps jetât le sang par la force du saint et brûlant désir, ne lui paraissant point que la sueur d'eau fût suffisante à satisfaire, si bien que volontiers elle aurait voulu que son corps eût les veines ouvertes[3] ».

Aussi ne reculait-elle devant aucune tâche. Elle réconciliait les prêtres, indignée, stupéfaite de les voir célébrer avec la haine au cœur ; elle leur aurait dit, elle aussi, à ces téméraires[4] :

Et vous ne craignez pas
Que du fond de l'abîme entr'ouvert sous *vos* pas
Il ne sorte à l'instant des feux qui vous embrasent
Et qu'en tombant sur vous, ces murs ne vous écrasent ?

[1] *Lett.*, 201, 159.
[2] A Frère Barth. Domenici. *Lett.*, p. 141-143.
[3] *Lett.*, 299 *bis*.
[4] *Lett.*, 56. — *Athalie*, III, V.

Elle accablait de son ironie les religieux qui voulaient se soustraire à la lutte[1] et rester à l'écart. A dom Jean de Gano, abbé de Saint-Anthime, celui-là même qui l'administra, elle écrivait : « Je vous fais savoir, à vous et aux autres, de ne vous point laisser tomber en tant de peines, et cogitations en votre cœur, parce que je ne sais quand je pourrai venir. Pas moins, je ne me vais fatiguant à vos défaillances pour mon plaisir et ébaudissement, sinon lorsque j'y suis contrainte par Dieu pour son honneur et pour le salut des âmes[2] ». Elle voulait balayer des monastères ces faux dévôts qu'elle abominait, plaies de parloirs, fléaux des grilles, bavardes pernicieuses et dangereux bavards. A sa nièce Eugénie, nonne au couvent de Sainte-Agnès à Montepulciano, elle mandait : « Gare que tu ne sois pas assez malheureuse pour te mettre en conversation particulière, ni avec un religieux, ni avec un séculier, car si je le pouvais savoir et apprendre, fussé-je encore plus éloignée que je ne suis, je te donnerais une telle discipline, que tout le temps de ta vie tu t'en souviendrais ». Droite, franche et rude, elle répétait : « Reste-moi là toute ferme, et mûre en toi-même. Reste-moi là sauvage comme un hérisson » et mets-moi les « hôtes » dehors[3].

[1] *Lett.*, 86, 160.
[2] *Lett.*, 84, 173, 175, 180.
[3] *Lett.*, 180.

Et elle intercédait pour la protection des couvents de femmes envahis par des jeunes hommes qui entraient avec effraction[1].

« Travailler toujours, en tout lieu, et en toute créature », c'était sa devise. A défaut d'œuvres extérieures, elle avait sa famille spirituelle, la confraternité des disciples qu'elle aimait tant « pour Dieu », des âmes dont elle était « singulièrement affamée[2] ». Elle les voulait militants comme elle : « Si vous êtes ce que vous devez être, leur prêchait-elle, vous mettrez le feu à toute l'Italie, et non pas seulement à ce pays-ci[3] ». Elle les aidait, et elle se redressait contre l'ingratitude qui payait leurs efforts : « De ma venue avec ma *famille*, — écrivait-elle aux défenseurs de Sienne, étant à Saint-Anthime, — il s'est fait des plaintes et élevé des soupçons, selon ce qui m'a été dit... Mais on ne laissera pourtant point, à cause de l'ingratitude de mes concitoyens, d'œuvrer jusqu'à la mort pour votre salut. Nous avons été mis, nous autres, pour semer la parole de Dieu, et cueillir le fruit des âmes. Chacun doit s'occuper de son métier. Le métier que Dieu nous a confié, c'est celui-là. Il sied de l'exercer, et non d'enterrer le talent.[4] »

[1] *Lett.*, 243.
[2] *Lett.*, 228, 142, 342.
[3] *Lett.*, 280.
[4] *Lett.*, 228.

Elle morigénait et repêchait les défroqués ! « Si j'étais auprès de vous, écrivait-elle à un frère sorti de l'Ordre, je saurais quel démon a volé ma brebinette, et quel est ce lien qui la tient liée et l'empêche de retourner au troupeau avec les autres ; mais je m'ingénierai à le découvrir par la continuelle oraison, et avec ce couteau je tâcherai de trancher le lien qui l'attache, et alors mon âme sera dans la béatitude. »[1] Apôtre de la paix, elle ne suivait pas les discussions qui divisaient Mineurs et Prêcheurs[2]. Les reproches qu'elle osait faire aux cardinaux, Urbain VI les leur adressait, et jusqu'à l'invective, en plein consistoire, et sainte Brigitte ne les avait pas ménagés davantage[3]. Les vices du clergé, la corruption des chapitres, étaient alors d'entretien courant[4].

Sous tant d'ardeur, la charité demeurait souveraine. Son rôle de médiatrice était le privilège qu'elle revendiquait uniquement, et sans relâche : « Je vous remercie, écrit-elle au gouvernement de Sienne, de la charité que je vous vois porter à vos concitoyens, en cherchant leur paix et repos, et envers moi, misérable et indigne, puisque vous désirez ma venue, et me requérez

[1] *Lett.*, 165.

[2] J. V. Le Clerc, *loc. cit.*, 47.

[3] Baluze. *Pap. aven.*, I,1157-61. — *Revel. Stae Brigittae*, l. VI, ch. LXX.

[4] J. V. Le Clerc, 46, 51. — *Thesaurus anecd.*, IV, 333.

d'être médiatrice pour cette paix... Je ne viens donc pas, parce que pour l'heure ces jours-ci je ne puis venir pour quelque besoin que ce soit, attendu que j'ai à faire pour le monastère de Sainte-Agnès, et pour me trouver avec les parents de M. Spinello, à cause de la paix entre les fils de Laurent, laquelle vous savez que depuis longtemps déjà j'ai commencé à traiter, et elle n'a jamais pu arriver à bonne fin [1]. »

Pleine de largeur et de tolérance pour autrui, blâmant pour le prochain ces pénitences surhumaines, dont elle s'accablait elle-même, elle disait : « J'ai vu déjà force pénitents, qui n'ont été patients, ni obéissants, parce qu'ils se sont appliqués à mortifier le corps, mais non la volonté. » [2] Sa main plongeait dans toutes les fanges, pour le service de Dieu ; aussi brave devant les ordures morales qu'en présence des plaies physiques, elle écrivait aux excommuniés [3], prêchait la charité à la femme d'un Barnabé Visconti ; elle, qui célébrait « la rose odoriférante d'une parfaite pureté » elle adressait une épître à une femme publique de Pérouse, si elle espérait la sauver ; « affamée d'âmes », son héroïque chasteté s'abaissait aux sentines de la sodomie et

[1] *Lett.*, 231.

[2] *Lett.*, 154, 156, 197, 198.

[3] *Lett.*, 222, 330, 305, 360. *Dial.*, CXIV, 153. *Lett.*, 298, 300, surtout *Dial.*, CXXIV, CXXV, CXXVI, — VII, p. 163. — *Lett.*, 304.

des vices innomables, si elle pensait assainir les cloaques; et elle y mettait une vigueur si ingénue que les éditeurs n'osent pas la suivre, et abrègent, pusillanimes devant celle qui précéda saint Bernardin et Savonarole. Et Dieu lui montrait de tels vices, elle sentait « telle puanteur, qu'elle n'en pouvait plus ».

Plus bas encore que Sodome, elle descendait jusque chez les Juifs usuriers, et leur prodiguait les avertissements.

Tout cela, sans orgueil, en pleine, auguste humilité. « Il ne t'est point arrivé, comme à moi, disait-elle à sœur Danièle, dominicaine d'Orvieto, d'avoir été et d'être fort pleine de défauts [1]. » Vive à relever les négligences de doctrine, elle se défendait contre le blâme des religieux avec une ingénuité touchante ; un homme de Dieu la reprenait, à Florence, pour les excès de son jeûne : « Vous m'avez encore envoyé dire, lui répondit-elle, de surtout prier Dieu afin de manger ; et je vous dis, mon Père, et je vous le dis devant Dieu, qu'en toutes et quantes manières que j'ai pu, je me suis toujours efforcée, une fois ou deux par jour, à prendre de la nourriture, et j'ai prié continuellement Dieu, et le prie, et le prierai, de me donner la grâce, qu'en cet acte de manger je vive comme les autres

[1] *Lett.*, 198, 342.

créatures, si telle est sa volonté, parce que telle est la mienne [1]. » Avec cela, ingénûment auteur, aussi, (peut-être parce que c'est la plaie la moins curable), elle envoyait redemander à la comtesse Bandoccia Salimbeni [2] son livre du *Dialogue* qu'elle lui avait prêté ; et, mourante, on l'a vue penser à ses écrits, et au sort qu'on devait leur faire.

Une telle âme, si puissante, connaît les découragements suprêmes, en proportion de ses dons et de ses mérites. « O malheureuse que je suis, mes filles, écrit-elle à ses amies spirituelles ; je crois à présent être cette misérable, qui fut cause de tant de maux, pour la grande ingratitude et autres manquements que j'ai commis contre mon Créateur... Éclatent donc nos cœurs, par l'anxieux et peineux désir, que la vie ne soit plus en notre corps ; mais plutôt mourir, que de voir offenser Dieu de cette sorte. Je meurs, toute vivante, et demande la mort à mon créateur, et ne la puis avoir [3]. » Mais Dieu la relevait : « Réjouis-toi, lui disait le Père éternel, — et aussi que se réjouisse le Père de ton âme et mes autres serviteurs dans l'amertume ; car dans l'éternelle vérité je vous ai promis de vous donner rafraîchissement. » Et descendant même aux détails ma-

[1] *Lett.*, 284.

[2] Gigli. L. 255, fin.

[3] *Lett.*, 209, 210. *Dial.*, XII, 43, CXLIX. 207.

tériels, la voix divine daignait lui assurer : « Tu te trouveras mieux à manger ce peu d'herbe, et parfois sans nourriture, qu'auparavant tu faisais avec le pain, et les autres choses, qui se donnent et sont ordonnées pour la vie de l'homme. »

Elle était aidée par les intercessions des saints, qui se penchaient sur elle. C'était d'abord sa « mère » sainte Marie-Madeleine, « l'apôtre d'amour, la disciple énamourée », ainsi qu'elle la nomme[1]. « O Madeleine, proclame-t-elle, d'amour tu es devenue folle ; car tu n'avais plus de cœur à toi, il était, ce cœur, enseveli avec ton très doux Maître, notre doux Sauveur ; mais tu en pris bonne pensée pour trouver ton doux Jésus, car tu persévéras sans terme en ta douleur immense. O que tu fis bien, car tu voyais que la persévérance était ce qui te ferait trouver ton Maître... A cette très douce énamourée Madeleine nous demanderons cette déplaisance qu'elle eût de soi-même. »

Dominicaine, elle ne laissait point d'appeler saint François d'Assise « notre Père saint François[2] ». Après Dante, elle le mettra dans la gloire avec saint Dominique.

Cette âme illuminée, si pure et si forte, et qui possède la vérité libératrice, s'épanche dans un style abondant en merveilles. « De cette ma-

[1] *Lett.*, 209-182.
[2] *Lett.*, 150.

nière, dit-elle un jour, lorsque sera détruite la nuée de son corps, l'âme retournera victorieuse à la cité de la vie éternelle[1]. » Écoutons Bossuet répondre : « Tout homme que Jésus-Christ aime, il attire tellement son cœur après lui, qu'il ne souhaite rien avec plus d'ardeur que de voir abattre son corps comme une vieille masure qui le sépare de Jésus-Christ[2]. »

« Or sus, mon fils, dit Catherine qui a relu le IVe chapitre de saint Jean[3], ne demeurons plus négligents, car le temps des fleurs s'avoisine ». Une autre fois, ayant relu saint Mathieu ou saint Marc, elle écrit à son disciple Sano di Maco : « Sachez qu'en cette vie nous ne pouvons avoir autre chose que des miettes qui tombent de la table, ainsi que fit cette Chananéenne. Les miettes, c'est la grâce que nous recevons, et elles tombent de la table du Seigneur. Mais quand nous serons dans la vie durable, où nous goûterons Dieu, et le verrons face à face, alors nous aurons part aux viandes de la table. Et donc ne rechignez jamais devant la peine à prendre. Je vous envoie des miettes et des viandes, comme à mon fils, et vous, combattez virilement. » Elle disait encore[4] : « Fais que tu sois un vase que tu

[1] *Lett.* 144.

[2] *Panég. de saint Jean*, I, 664.

[3] Saint Jean, IV, 35. — *Lett. ib.*, Saint Mathieu, XV. — Saint Marc, VII. — *Lett.*, 274.

[4] *Lett.* 206.

emplisses à la fontaine et à la fontaine le boives... Si tu ressens alors peine de ceci, ou d'autre chose hormis d'offenser Dieu, c'est pour toi signe manifeste que cet amour est amour imparfait, et puisé hors de la fontaine. »

Le grand mérite d'un tel style, quand il est bon, c'est qu'il donne encore plus soif de puiser au puits de Sichar, et de relire l'Évangile.

C'est ainsi que « cette mère de milliers d'âmes, mère commune, mère très douce[1], » celle que le Siennois Pie II allait mettre sur les autels, par ses écrits, par sa légende infatigablement propagée, par les représentations sacrées de sa vie; par ses images, populaires, dès le XVIe siècle, jusqu'en Pologne, en Hongrie, en Dalmatie, répandait sur les chrétiens les eaux salutaires qu'elle avait puisées de plus près aux sources éternelles. Et jusqu'en France, au XVIIe siècle, des enfants prédestinés, à sept ou huit ans, « trouvant un livre de sainte Catherine de Sienne, y lisaient, et y recevaient les premiers touchements de la grâce. »

« *Extensio animæ in Deum per amoris desiderium*, l'extension de l'âme en Dieu par le désir d'amour[2] », ces paroles de saint Bonaventure

[1] *Processus*, 33. — *Legg. min.*, 264. — D'Ancona, *Orig. del teatro it*, I, 282, note 1. — La mère Drane, I, 238 parle d'un buste par Jac. della Quercia d'après un moulage mortuaire. — *Processus*, ap. Durand et Martène, VI, 1291. — *La vie de sœur Catherine de Jésus*, Paris, 1631, ap. Brémond, *op. cit*, II, 333.

[2] *Myst. Theol. Prol.*, t. VII, p. 699, ap. Gardner. *Dante and the mystics*, p. 11.

pourraient être la devise de Catherine. Cette Siennoise, née d'une race vaniteuse, belliqueuse et amie du faste[1], s'est réduite à ne penser qu'aux fins dernières, à ne créer que les œuvres de paix, à mépriser le monde et toutes ses pompes et tous ses attraits ; cette vierge robuste, faite pour la vie matérielle et l'action, s'est résignée à détruire sans relâche ses puissances corporelles et se consacre tout entière au service surnaturel.

Pour un tel effort, accepté et poursuivi dès l'enfance, il faut le concours des impressions données par les sens, avant le secours des idées et des sentiments amenés par la grâce. Et l'on n'a guère exagéré l'influence que dut avoir, sur cette Italienne aux impressions véhémentes, la peinture siennoise de cette époque, le spectacle constant de ces tableaux qui ornaient les églises, de ces fresques qui décoraient les sanctuaires. Tabernacles étincelants et visions surnaturelles, évangéliaires tout gemmés et orfévrés, prédelles aux scènes naïves qui forment un soubassement aux grandes scènes divisées, compliquées et ornementées comme les basiliques même où elles doivent resplendir, toutes ces œuvres, composées avec amour et patience, par des artistes rompus aux secrets anciens, et animés par les espérances

[1] Dante. *Inf.* XXIX, 123. — D'Ancona, *Studi di crit. e st. lett.*, p. 192.

nouvelles, tous ces trésors d'art et de foi sont une partie importante, un essentiel élément de la vie chez une croyante dont la conscience s'exalte avec le progrès des années. Pour nous, elles vivent encore, surtout aux yeux des chrétiens, et nous n'aimons guère à les voir émigrer dans les salles mornes des Musées; mais cependant, hormis telle vierge de Neroccio, tel ange de Duccio, si proches de nous et qui parlent aux fibres les plus sonores de notre âme, la plupart de ces grandes merveilles nous montrent un spectacle éblouissant ou tragique, plutôt qu'un idéal de Foi; leurs beautés sont extérieures à notre sens intime, les types qu'elles montrent sont comme étrangers et lointains. Derrière la cour céleste figurée avec tant de luxe, par delà ces saints enfermés dans leurs dalmatiques splendides et sous l'orfroi de leurs tuniques, nous cherchons la pure beauté de l'Évangile pauvre et nu. Mais une âme du moyen âge, et une âme d'Italienne, se laisse prendre aux magies de l'art, elles lui sont nécessaires. L'Italie pense par les yeux, sent par les yeux, vit par les yeux, aime par les yeux. Et jamais la plus mystique de ses saintes n'oubliera ni n'atténuera le souvenir des miraculeuses images; placée dans cette ville même où l'art religieux a donné ses richesses les plus rares, Catherine a des visions qui ressemblent à ces tableaux : « Elle fut lors ravie en extase, dit le chroniqueur[1], et elle eut une vision : c'était une porte très étroite par où personne ne pouvait passer sans déposer premièrement ses habits, et être prêt à souffrir toutes sortes de douleurs. Catherine entra courageusement, et elle vit venir à elle Jésus-Christ, en compagnie de son précurseur saint Jean-Baptiste, du patriarche saint Dominique, de saint Pierre martyr, et de l'angélique docteur saint Thomas ; à leur suite venaient deux illustres Romaines, vierges et martyres, sainte Lucie et sainte Agnès. Toute cette glorieuse compagnie portait des étoffes de grand prix et de couleurs variées, qui figuraient leurs vertus... » Le clou qui lui perce la main, c'est un clou « d'or pur[2] », ses stigmates pourraient orfévrer un tableau de Memmi. Les visions de sang et de luxe, supplices divins et divines splendeurs, ont imprégné son âme ainsi qu'elles imprégneront toute la piété d'Italie.

Dante seul, Dante a dépassé, vers la fin de son poème, l'imagination plastique du miracle ; il écarte les spectacles, va jusqu'à la lumière mystique, et fait pressentir l'ineffable. Et c'est là son plus vrai prodige !

« O somma luce, che tanto ti levi
dai concetti mortali...
O luce eterna, che sola in te sidi,
sola t'intendi...

[1] Caffarini, *Suppl.*, VII, 12.
[2] *Ib.*, 25.

O suprême lumière, qui tant t'élèves au-dessus des concepts mortels... O lumière éternelle, qui seule siège en toi-même, seule te pénètres... » Et il serait unique en sa patrie, dans ces sphères souveraines, si le docteur du Sacrement, saint Thomas d'Aquin, n'était là au-dessus du poète, comme maître et précurseur.

Seulement, la rançon de ces images très composées encore et très matérielles, en ces âmes des saints Italiens, c'est qu'elles leur permettent de faire vivre l'Evangile, si c'est saint François, et, si c'est sainte Catherine, de faire agir la Foi. Le « sang », ce précieux sang, ce sang divin, qu'elle invoque toujours, la vivifie réellement et puissamment. Et les plaies du Sauveur, qu'elle a tant contemplées dans les images du Calvaire, dans les crucifixions peintes par les maîtres siennois, les plaies sacrées sont toujours vives et toujours fécondes pour elle.

Cet art restait vivifiant, parce qu'il était tout mêlé de symboles et d'esprit populaires, accumulait sans se lasser les visions des Psaumes ou de l'Evangile avec les chroniques réelles de l'histoire ancienne ou contemporaine. Ce mélange de mysticisme et de vie réelle, commune, voire triviale, est un des grands secrets que Dante avait su dérober au Nouveau Testament, dans la mesure tout au moins où le plus grand des poètes peut imiter l'inimitable.

Et Catherine vit sans cesse dans les églises où les murs du sanctuaire lui retracent toutes ces belles histoires, elle pénètre avec respect, dans un esprit d'apostolat, au Palais-Public où l'on voit les fresques de Lorenzetti dans leur fraîche nouveauté. Elle s'imprégne, elle s'inspire ; et ses extases lui retracent ces mêmes merveilles, encore magnifiées ; elle part de là pour s'élever aux régions supérieures, à ces régions supérieures, inconnues, inaccessibles au commun des chrétiens : ainsi, elle les ouvre et les révèle.

Mais, à pouvoir dire avec Dante :

> « Io, che al divino dall' umano,
> all' eterno del tempo era venuto [1] »,

« Moi, qui étais venu de l'humain au divin, à l'éternité du temps », à connaître ces assomptions surhumaines, on doit subir un état nouveau dans son corps et dans son âme. Il faut comprendre le symbole contenu dans les conseils donnés au jeune homme de l'Evangile, par la voix même du Maître divin [2] : « Si tu veux être parfait, va, vends ce que tu as, et le donne aux pauvres, et tu auras un trésor dans le ciel, et viens, suis-moi. » Notre-Seigneur, qui voit Catherine obéir au lieu de s'éloigner comme le triste adolescent, lui dit [3] : « Tu comprends seulement le dépouille-

[1] *Par.* XXXI, 37, 38.
[2] S. Mathieu, XIX, 21.
[3] *Suppl.* VI. 12.

ment des biens extérieurs, de ces biens temporaires et fragiles qui sont exposés aux voleurs et à mille sortes de ruines ; mais Moi, j'entends bien davantage, et je te dis que le conseil donné à ce jeune homme ne concerne point seulement tous les actes extérieurs, que voient les hommes et qui dépendent des puissances corporelles, mais bien encore tous les actes intérieurs, les pensées et les affections, que je suis seul à pouvoir connaître, et qui dépendent des dispositions secrètes de l'âme ; de manière que tu dois estimer n'avoir plus rien que tu puisses véritablement connaître, et retenir comme t'appartenant, car tu as tout vendu et tout sacrifié. Ton corps n'est plus à toi, et, si besoin est, tu le dois exposer aux souffrances et à la mort pour mon service et pour ma gloire ; tu n'en dois user et le faire servir que suivant mon bon plaisir. Ton âme n'est plus à toi, et tu ne dois penser qu'à Moi, n'aimer que Moi, ne vouloir, ne désirer que ce qui est conforme à ma volonté et à ma plus grande gloire. » Doctrine si vraie et si sublime, riche de telles assurances et fondée sur de telles promesses, que la Sainte ne la pouvait recevoir que du Maître même.

Ces commandements souverains écrasent l'éternel ennemi, l'amour-propre, le « sens propre, le sens humain », toujours en opposition avec la vérité révélée. Ils maintiennent et ils font vivre, suivant les paroles de l'Apôtre, « en face de Dieu notre Sauveur, lequel veut le salut de tous les hommes, et qu'ils arrivent à la connaissance de la vérité[1] ».

Comment révéler, (dans le sens premier de ce terme), comment montrer sans voiles aux yeux affaiblis des hommes ces tables fulgurantes de la Loi nouvelle? Comment décrire pour les hommes cet « ictus cordis », ce coup du cœur dont parlait un saint Augustin[2] ? Catherine elle-même avoue qu'elle ne le peut guère, bien qu'elle soit entraînée à écrire et décrire : « Il me semblerait, confesse-t-elle[3], il me semblerait blasphémer le Seigneur, ou le déshonorer par mes paroles; si grande est la distance entre ce que l'intelligence, quand elle est ravie et illuminée et attirée par Dieu, éprouve, et ce qui peut être exprimé par des paroles, — qu'elles semblent presque contradictoires. Aussi, rien ne saurait me décider à dire quelque chose de mes visions. C'est ineffable. » C'est toujours le « quæ non licet homini loqui », ce que l'homme ne saurait dire; mais l'Apôtre n'a point parlé, tandis que la Sainte écrivit le *Dialogue* après les *Lettres*, et ne savait point s'empêcher de nous offrir quelque reflet des lumières éternelles où elle se sentait plongée.

[1] *Ad Timoth.*, I, II, 4.

[2] *Confess.* IX, 10.

[3] *Leg.* II, VI. 203.

Plus digne certes que toute autre d'accomplir un pareil prodige, puisqu'elle fut une de ces « personnes à la simple vie » qui avaient, au XIIIe siècle, produit le magnifique élan des flagellants. Ame vraiment évangélique et franciscaine, elle possédait comme pas une autre ce trésor sans pair, « cette véhémente ardeur de l'amour, qu'elle avait au-dedans[1] ».

Le péril de pareilles grâces, au point de vue qui concerne l'action proprement humaine, c'est d'exalter et de maintenir l'âme privilégiée en dehors de toute énergie matérielle et efficace. On l'a dit[2] : « rares sont les saints qui ont uni harmonieusement le mysticisme et l'action, en les poussant l'un et l'autre jusqu'au sublime ». Mais la disciple de saint Jean, de saint Paul, de saint Dominique, s'est élevée sur ces voies sublimes où la précédaient ses maîtres. « Virilement agir et virilement supporter », c'est ce qu'elle redit sans cesse et ce qu'elle fait sans relâche ni défaillance. « Plus virilement connaître et suivre la vérité, souffrir virilement[3] », le Dialogue comme les Lettres, la Légende comme les souvenirs des amis regorgent de telles maximes, familières au génie infatigable de la Sainte. Ces maximes,

[1] D'Ancona. *Orig. del t. it.*, I, 108. — Jacob. A. Varag. cron. ap. *rer. it. scr.*, IX, 49.

[2] Guiraud. Saint Dominique, p. 204.

[3] *Dial.*, I. 31; XI, 40, 2°, — *Leg. et Lettres, passim.*

elles lui viennent de l'Evangile qu'elle avait commenté dans des pages qui se sont perdues [1]; elle les a retrouvées dans les Actes et dans les Epîtres, et son supérieur mystique, saint Dominique, lui en a montré les effets tout récents, et vivants toujours.

C'est ainsi que le Dialogue, en dépit des imperfections communes à toute œuvre humaine, a pu mériter cette louange : « la doctrine du Dialogue, c'est la doctrine de l'Evangile [2]. » Ecrit en langage vulgaire, ce qui était une nouveauté fort grande, et d'une étrange portée, il reçut de cette forme audacieuse une influence presque surnaturelle. Catherine, après saint François, ramenait l'Eglise à l'Evangile, aux doctrines et aux mœurs prêchées par l'Evangile. C'est sa gloire la plus solide. Que l'Eglise italienne n'ait pas toujours suivi la voie où la puissante petite main la remettait, ce n'est point, certes, la faute de la Sainte. Un livre, digne de ce nom, est un acte ; mais il n'est jamais responsable, s'il est pur, courageux, sincère, des actes qu'il fera commettre ou qui se commettront malgré les exhortations qu'il contient.

Oui, cette créature frêle, émaciée, exsangue et pâle, qui semble, dans ses bandelettes et ses

[1] Capecelatro, p. 314, note 1 ; il apparaît aussi qu'elle avait fait un traité de la résurrection, qui est également perdu.

[2] Hurtaud. *Préf.* I, XXXIV.

voiles, être sortie du sépulcre comme Lazare, elle a saisi le gouvernail de la barque et l'a ramenée, par les vagues souillées et rudes, jusqu'au rivage où l'avaient ancrée les Apôtres. Ce que pas un n'avait pu faire, celle-ci, la morte vivante, décharnée, épuisée de corps, elle l'a fait.

Son Dialogue, sans doute, n'est qu'un long développement, on a même dit avec une brutalité tudesque[1] « un délayage » d'une lettre à son confesseur. Ce n'est point un vrai Dialogue, Dieu y parle très longuement, et presque seul. Faire parler Dieu, c'était hardi jusqu'à épouvanter ; il y avait là un excès du johannitisme médiéval. Et l'Evangile de saint Jean parle d'une toute autre sorte. Les élans d'une inconsciente naïveté ne cachent point assez ce que l'audace humaine, dressée devant Dieu, peut donner de troubles et d'hésitations au lecteur des vrais Evangiles.

Seulement, son âme est nourrie, par ceux qui ont fait son éducation religieuse, des formules et des théories scolastiques. Elle déduit, elle raisonne, avec cette insatiable ardeur et cette allègre surabondance qui est le propre des docteurs contemporains. Le mysticisme donne l'élan, établit la communion spirituelle : c'est des écoles que vient

[1] Gaspary, tr. Rossi. I, 338-9. — *Lett.* 90. Opere. ed Gigli, t. II, p. 572 et suiv.

le fond même, et c'est des traditions dominicaines.

Les éléments sont disparates, ou du moins doubles, dans son œuvre matérielle et politique, aussi bien que dans son œuvre spirituelle. Il est certain qu'elle a voulu, dans sa suavité féminine, reprendre la tradition pacificatrice des grands pontifes Italiens, de saint Ambroise ou de saint Grégoire. Mais aussi, n'eût-elle pas eu le droit, après un saint François d'Assise, bouleversant la société de son époque, de répéter la parole du Maître : « Je ne suis pas venu jeter sur la terre la paix, mais bien le glaive[1] » ? Comme saint Bernard au XIIe siècle, elle avait voulu désigner le vrai Pape à la chrétienté ; le schisme s'ensuivit, pour un demi-siècle à peu près, et la barque fut secouée jusqu'aux limites du naufrage.

Catherine se mettait résolument dans cette tradition militante qui s'appuie sur les pouvoirs terrestres, par ordre d'En haut. Mais elle va droit au pouvoir qui est le plus proche de Dieu, qui fut institué par Dieu, et donc peut naturellement lui être désigné par Dieu : « Tu es Petrus ! »

L'Italie mystique ne marchait guère dans une telle voie. Elle se tenait désespérément à l'Évangile pur et simple, et la puissance temporelle

[1] S. Mathieu, X, 34.

était hors de ses voies. Dante seul, avec son génie avide de réalités, voulait le pivot terrestre aux efforts surnaturels. Catherine hérite de cet esprit réaliste, si elle ne choisit pas le même point d'appui que Dante. Et, malgré les bourrasques, l'événement a bien prouvé qu'elle voyait clair dans l'Italie bouleversée ! Après elle, la Papauté n'a plus quitté Rome. La racine de l'Église a retrouvé, par elle, le sol nourricier ; elle s'y implante, à tous les siècles.

Il se peut, — tout effort humain connaît des imperfections et des désastres, — qu'elle ait préparé la Réforme en ramenant le Pape à Rome, en lui rendant une puissance dont quelques-uns ont abusé ou mésusé. Mais, outre que Dieu seul est élevé pour juger un Alexandre VI ou un Clément VII, l'œuvre spirituelle de Catherine est intacte, et demeure, si l'œuvre matérielle peut être contestée. Les Saints, surtout quand leur action se montre aux choses de la terre, nous déroutent parfois. Leurs procédés sont surhumains, leurs méthodes indiscernables à des esprits qui sont privés du contact avec la suprême volonté. Mais les effets produits par leurs efforts méritent le respect, commandent l'admiration.

Et d'abord, quelle conduite est plus belle, plus exemplaire que celle d'une Catherine, sans cesse active pour le bien spirituel ou temporel, « avec pieux courage, et avec humble sévérité[1] », ainsi que l'a dit un vénérable historien de Florence? De même que le chrétien doit être l'intermédiaire entre la vérité suprême et ceux de ses frères qui ne sont point encore sur la bonne voie, de même les saints tiennent le rôle d'intermédiaires entre les fidèles qui marchent vers Dieu, et ce Dieu même dont la grâce les a plus particulièrement comblés. Dès lors, nous pouvons, nous autres les fidèles et les obscurs, constater jusqu'à un certain point les effets humains de leurs actes ; mais nous n'en saurions aucunement juger la cause surhumaine, entrevoir la source cachée.

Ces audaces de Catherine, dans le temporel, ne surprenaient guère l'Italie du moyen âge. Jamais, nulle part, on n'avait tant osé. Un Joachim de Flore, un Jean de Parme, porte-paroles du mysticisme italien, avaient émis des certitudes qui font trembler. L'Italie était accoutumée à s'entendre annoncer les communications directes et constantes avec la vérité suprême ; cela était conforme à son génie et à ses goûts.

Extrêmes en tout, de tels peuples et de telles époques ne déconcertent que les esprits mal avertis ou mal instruits. Que si l'on trouve étrange, après un examen superficiel, de voir aux saints

[1] Gino Capponi. *St. della rep. di Firenze*, I, III, VIII, p. 336.

une action aussi temporelle, il convient de se souvenir comment le plus pur et le plus détaché de tous, saint François, a soutenu sur ses épaules le Latran qui chancelait. Et, sans même s'élever jusqu'aux saints, est-ce que Dante n'eut pas en vue, et constamment, le bien ou le mal de la Papauté romaine, son avenir et ses devoirs? est-ce qu'il n'ose pas juger et Papes et fidèles selon qu'ils lui semblent avoir procuré, préparé, par leurs actes ou leurs écrits, le bien ou le mal du pouvoir pontifical?

Et puis, était-ce donc le temps des nuances et des scrupules, ce temps où, suivant la vieille chronique, « on répandait le sang italien comme de l'eau[1] », ce temps des luttes intestines, des luttes contre le barbare, des invasions périodiques, des pestes et des hérésies?

Les lettres d'une Catherine procèdent directement de l'esprit qui animait Dante et lui dictait sa noble lettre aux cardinaux italiens. Comme Dante, elle a toujours devant les yeux

Cette Rome, qui fait que le Christ est romain[2],

comme on aimait à répéter avec un pieux contresens, lorsqu'on citait le vers fameux du *Purgatoire*. Comme Dante, elle pourrait écrire : « Nous donc, qui confessons le même Père et le

[1] *Rer. ital. scr.*, VIII, 699.

[2] *Purg.*, XXXII, 102.

même Fils, le même Dieu et le même homme, et aussi la même Mère et Vierge ; nous, pour lesquels et pour le salut desquels fut dit à celui-là qui fut par trois fois interrogé sur la charité : « Pais, ô Pierre, mon très-saint troupeau » ; nous, qui, de Rome (de cette Rome, à qui, après les pompes de tant de triomphes, le Christ avec ses paroles et ses œuvres a confirmé l'Empire du monde, et que Pierre encore et Paul, l'apôtre des nations, ont consacrée pour siège apostolique avec leur propre sang), sommes forcés avec Jérémie, en pleurant non point sur l'avenir mais sur le présent, à déplorer douloureusement le veuvage et l'abandon ?.., » L'appel du poète aux cardinaux italiens « première cohorte de l'église militante », elle le reprend et le lance hautement, sans relâche[1]. Dante osait dire aux princes de l'Eglise : « Ce n'est point la face, mais bien le dos que vous tenez tourné vers le char de l'Epouse du Christ. » Et Catherine reprendrait ce style. Sa voix répond à celle du proscrit lorsqu'il menace et qu'il s'écrie : « Ne provoquez point le fouet, ne provoquez point le feu, ne lassez point la patience de Celui qui vous attend à pénitence. » Avec Dante, elle peut reprendre le verset du Psalmiste : « Le zèle de la maison de Dieu me dévore[2]. » Elle pleure avec lui : « les presque

[1] Dante. *Epist.* IX, *card. ital.*, ed. Fraticelli. *Parad.* XXIV, 59.

[2] Ps. LXVIII, 10.

funérailles de la mère Église. » Et, pareille à lui, c'est la voix populaire, la grande voix murmurante, sourde, irritée, qu'elle fait parler dans sa voix. Elle sait que Rome est toujours la cité que décrivait le cardinal Orsini, le chef de la bonne cause au temps de Dante, « ville parvenue à l'extrême ruine, siège démantelé de saint Pierre, que dis-je, de Notre-Seigneur Jésus-Christ. » A ces deux voix, celle du poète et celle de la sainte, une dernière voix viendra répondre, au seuil de la néfaste Renaissance : après Dante, il y avait eu Catherine de Sienne; après Catherine de Sienne, il y aura Savonarole.

Cette lectrice de la Divine Comédie[1] commence son Dialogue par les mêmes assurances que Dante adressait à Can Grande della Scala dans la lettre dédicatoire pour la *Divine Comédie.* Elle conçoit le salut éternel de Nicolas Tuldo, racheté par le sang et les larmes, à l'image du sublime épisode que Dante consacre à Buonconte de Montefeltro recueilli par l'ange de Dieu[2]. La comparaison de la vie monastique avec une barque à trois cordages, — la chasteté, l'obéissance et la pauvreté, — cette comparaison qui ravissait J.-K. Huysmans[3], est venue de Dante à Cathe-

[1] Capecelatro, p. 344. — Gardner, p. 356 et 367. et *D. and the mystics*, p. 344.

[2] *Purg.*, V, 88, 129.

[3] *En route*, II, VIII, 426-7.

rine, comme elle est venue de saint Augustin à Dante ; la « navigatio ad patriam », du docteur magnifique a créé le vaisseau de Casella et des esprits qui flottent aux bouches du Tibre, et la nef dantesque a créé à son tour l'esquif mystique de la sainte[1]. Les mers latines apparaissent, nous le savons, à l'horizon de la pensée, chez la grande Siennoise comme chez le grand Florentin, et les voiles saintes frémissent dans leur imagination où se confondent, avec la mémoire des Évangiles, les pensers constants qui leur ramènent la figure de la barque apostolique. Catherine expirante n'a-t-elle pas eu sa dernière vision devant la mosaïque où scintillait la barque de saint Pierre ?

Il est remarquable autant que naturel de voir l'influence dantesque s'exercer sur Catherine par le *Purgatoire* surtout. Elle n'est certes point la seule chrétienne qui ait préféré, aux affreuses magnificences de l'*Enfer*, aux splendeurs vertigineuses du *Paradis*, les beautés poignantes, encore humaines et déjà célestes, de la deuxième *Cantica*. L'explication du Purgatoire, et celle de l'Univers même par l'amour, ce sublime épisode, où Virgile parle, et qui commence par un frémissement d'ailes célestes et par le chant « Bienheureux les Pacifiques », « beati

[1] Gardner, *D. and the mystics*, 61. — Dante, *Purg.*, II, 25, 42, 100, 105, etc., VIII, 1-6. XII, 4-6. XVII, 76-78, 85-87.

Pacifici[1] », elle se l'est fait lire et relire par ses disciples, si fervents de Dante[2], et elle a répété avec les poètes :

> Ni créateur ni créature oncques
> N'exista sans amour... »

Elle a médité, et elle a poussé plus loin encore que son précurseur, dans le *Dialogue* : « L'âme ne peut vivre sans amour, mais sans cesse veut aimer quelque chose ; car (c'est Dieu qui parle) elle est faite d'amour, puisque par amour je la créai... » Et dans une Lettre[3] : « Pensez, écrit-elle à Barthélemi de la Paix, pensez, père très-cher, que le premier vêtement que nous eûmes, ce fut l'amour ; attendu que nous fûmes créés à l'image et similitude de Dieu, seulement par amour, et donc l'homme ne saurait exister sans amour, n'étant fait de rien autre que d'amour même, puisque ce qu'il possède suivant l'âme et suivant le corps, il le possède par amour... »

Ainsi, l'esprit pratique et robuste de l'Italie, hardi dans les mots et les choses, sait demeurer actif et vivre libre jusque par les sphères mystiques. Cette doctrine de l'amour maintient l'activité féconde, qui aurait risqué de sombrer dans l'excès des contemplations spirituelles ; les ailes

[1] S. Mathieu, v, 9. — *Purg.* XVII-XVIII, là encore il y a « une nef qui arrive à la plage », 78.

[2] *Lett.*, *di discepoli*, 18.

[3] *Dial.* 41, 77. — Gardner, p. 377 et Appendix. Lett. 1, p. 407.

des anges « éventent le visage » des pèlerins mystiques ; mais c'est pour les mener toujours plus haut, sur les gradins terrestres, comme aux rochers du *Purgatoire*.

Il ne faut pas croire pourtant que le *Paradis* de Dante n'ait rien donné à l'âme de la Sainte ; elle y a repris la louange de ses deux maîtres favoris, saint Dominique et saint François ![1] L'apothéose des deux saints est un des trésors les plus magnifiques dans la poésie dantesque. Souvenons-nous :

« Dominique il fut dit : et moi j'en parle
Comme du jardinier, que Christ
Élut à son jardin pour qu'il l'aidât.
Bien il parut envoyé et familier du Christ... »

Et Catherine s'épanchait en pages brûlantes d'ardeur et de foi, sur celui qui l'avait vêtue de sa doctrine. Elle mêlait, à son éloge, celui de saint Benoît, celui de saint François, patrons des « navicelles », des nefs mystiques où s'entassent les bons croyants, les vrais féaux de Notre-Seigneur Jésus-Christ. Déjà, dans un chapitre qui préparait l'hymne glorieux à saint François, elle avait repris le fameux éloge de la Pauvreté que Dante consacrait à l'apôtre d'Assise :

« François, pour cette dame, tout jeunet, en guerre
S'en courut contre son père, à laquelle, comme à la mort
La porte avec plaisir personne ne déverrouille... »

[1] *Par.*, XII. *Dial.*, ch. 158 – V. Capecelatro, p. 50. — *Par.*, XI. — *Dial.*, ch. 151.

Et Dieu lui disait comment l'homme, s'il embrassait la Pauvreté par amour de lui, devenait fort, devenait sain, ne sentait plus ni mal, ni chaud, ni froid, ni jeûne, et ne souffrait ni des aliments grossiers ni de la misère.

C'est ainsi que par Dante et sainte Catherine, un saint Bernardin et un Savonarole recevront les doctrines qui pourraient sauver l'Italie. Ce retour aux Évangiles, et aux grands saints évangéliques, aurait pu corriger l'excès de force individuelle dont souffre ce pays puissant; excès presque aussi dangereux que la pénurie et la mollesse. Il y avait là, ramassés et amassés et entassés, trop de pouvoirs rudes, trop d'individus forts, trop de cités vivantes; et là-dessus, la discipline morale était nulle, quand la Foi n'intervenait pas. La Foi seule est assez efficace pour discipliner ces âmes trop véhémentes; alors, si elle intervient, ce sont des génies et des saints, et ils perpétuent la patrie, redressent les institutions, créent à nouveau tout ce qu'ils touchent, par leur flamme individuelle, surhumaine.

De telles âmes, sans aucune faiblesse, sans cette « viltà » que flétrissait Dante, veulent réaliser le rêve de Dante en son *De Monarchia* : le gouvernement des autres âmes. Heureuses, lorsqu'elles se trouvent douées comme l'âme d'une Catherine; puisqu'elles peuvent, alors, au milieu des ténèbres humaines, et parmi ces demiclartés qui sont le privilège terrestre des saints, maintenir, exalter ce qui seul importe ici-bas : la Charité, la tradition de l'Évangile.

La conscience d'un tel rôle et la force de l'accomplir sont tout à fait exceptionnelles en Italie, à cette époque. Dante avait réuni, dans sa main souveraine, les croyances de son temps, celles d'en haut, celles d'en bas, les théories mystiques et les légendes populaires ; l'ascétisme du moyen âge et la Foi du moyen âge, étaient devenus par sa force inouïe, matière de poème. Le moyen âge italien s'exprimait ainsi tout entier dans la Divine Comédie. Les éléments qu'avait unis et fondus le poète se séparèrent aussitôt après lui ; légendes et sermons s'emparèrent des uns, et les autres se desséchèrent dans un lyrisme abstrait ou dans une médiocre didactique. Et la Renaissance eut dès lors trop beau jeu pour instituer le retour à une antiquité factice.

Il n'importe : de même que la France vraie, c'est la France de saint Louis, de Jeanne d'Arc, de Pascal et de Bossuet, l'Italie vraie, c'est celle de Dante, de sainte Catherine et de Savonarole. Et de sainte Catherine, avant et au-dessus de Savonarole. Un prophète de l'Italie ressuscitée n'a-t-il pas écrit de notre Sainte[1] : « Elle fut sévère aux prêtres et aux princes, et aux moines

[1] Tommaseo. *Arch. st. it. n. s.*, XII, 1, 1860, p. 45.

et aux républiques, et aux cardinaux et au Pape, avec des paroles plus dantesques que celles que l'homme de Saint Marc osa ; et néanmoins pure d'orgueil, et mesurée jusqu'en ses emportements. Le tribun dominicain, par l'obédience et par la prudence, et par la nécessité et par la fougue même de ses premiers élans, est contraint à se ralentir, jusqu'à paraître se dédire : la simple tertiaire, dans le flux du siècle, se maintient en équilibre par sa propre vigueur ; et la lumière limpide que son œil reçoit d'en haut, vous diriez qu'elle l'attire et la soulève de terre. Humble femme, au milieu d'hommes qui se combattent et sont inégaux à eux-mêmes, elle n'a ni contradictions, elle, ni rétractations ; dans ses paroles et ses œuvres abondantes, constante à elle-même sans obstination, assurée dans sa modestie, habile dans sa modération ; de mûr conseil, de désirs et de pensers prompts. Sa parole et sa vie, une robe candide et sans couture, qui voile en ornant, qui s'adapte aux formes de l'âme, et fait qu'elles sont en relief, dans leur plénitude pudique, dans leur sveltesse élégante. Il est vrai que dans les yeux de la Benincasa flambe le regard de Savonarole, et de la poitrine de Savonarole on entend sortir la voix plaintive et le gémissement méditatif de la Benincasa. Mais les différences sont plus évidentes que les conformités. Le moine est pareil à un cyprès moucheté de neige. la vierge, à une fleur qu'emperlent les rosées ; le Ferrarais est une relique de la vieille Loi ; la Siennoise est une prémice de la Loi nouvelle, renouvelée dans la suavité de son génie ; Jérôme est un fragment de Moïse, un écho de Jérémie ; en Catherine, çà et là, voici qu'apparaît entière et vivante, avec l'esprit de saint Paul, l'âme de saint Jean. »

C'est par un tel esprit qu'elle a mérité le suprême éloge : « Son traité s'achève en Dieu même. *In ipso Deo terminatur tractatus.* » C'est par un tel esprit qu'elle a prévu, dans un temps où l'on rendait la Communion rare et difficile, la nécessité, le devoir des communions quotidiennes. Lorsque Catherine répète à son confesseur : « Mon Père, j'ai grand faim », et demande, réclame, exige qu'on lui donne la sainte Eucharistie, elle montre cet instinct vrai, cet appel vers le sacrement, qui ramène aux premiers âges de l'Évangile une génération dévoyée. Elle présage ce retour à la communion quotidienne auquel exhortera le plus fameux des Conciles, que conseillera, qu'instituera le Souverain Pontife au nom duquel s'est attaché ce titre entre tous glorieux : « le Pape de l'Eucharistie ».

C'est ainsi qu'elle montre en elle « la plénitude du règne de Dieu ». Que ses moyens semblent parfois excessifs, ses vertus presque démesurées, à des âmes plus faibles, il n'y a là rien que de fort naturel. A ces moments-là, moments de doute et de tentation, ces âmes débiles n'ont qu'à se répéter la maxime : « Tu ne jugeras point ! »

La prescience d'une Sainte devait pressentir ce triomphe du Pharisaïsme que fut la Renaissance, le triomphe de tout ce qu'elle combat, l'instinct païen, l'amour-propre, la mort de la charité, l'adoration de l'individu pour lui-même, l'idolâtrie des sens, le débordement du péché sous les formes les plus perfides.

Avec ce retour en arrière, vers le paganisme, et dès les premières années, avec ceux que l'on a nommé « les Précurseurs », la vie humaine, par les lettres, l'art et les mœurs, devient publique dans le sens le plus vil du mot. L'écrivain, l'artiste, n'a plus qu'un but : sa gloire personnelle, sa fortune, l'effet produit et le rapport qu'il peut tirer de sa renommée. Charlatans habiles, rompus à toutes les roueries du métier, tous ceux qui conduisent ou séduisent, hommes politiques ou marchands de beauté, prétendront dominer et plaire, s'assouvir en assouvissant ceux qui applaudissent, et payent, et servent, et défendent, à savoir le commun des hommes, que l'on déprave, que l'on satisfait, et que l'on méprise.

L'art véritable est une communion avec Dieu, c'est une prière sublime, la plus haute peut-être quand elle est absolument pure et désintéressée. Ceux-ci feront de l'art pour qu'on admire, qu'on célèbre, qu'on récompense ; la loi de Dieu nous dit : « Tout arbre qui ne produit pas de bon fruit sera coupé et jeté au feu[1]. » Les fruits que produisent ceux-ci doivent être éclatants et parfumés ; qu'importe si, par surcroît, ils sont empoisonnés ? On recommence à mettre dans les musées, dans les palais, ces images des Grecs, chefs-d'œuvre faits d'après les lutteurs, les cochers ou les boxeurs, et qui célèbrent la nudité vénale. On chante les sales amours, on raffine sur la philosophie perverse ou la poésie ambiguë. Et l'on ramasse le succès, — alors comme aujourd'hui. — Métier plus vil que la prostitution physique, la prostitution morale donne ses règles, combine ses triomphes, place au pinacle, et corrompt le monde. La recette est simple, et la voici : prenez les huit Béatitudes, et les commandements de Dieu ; faites exactement le contraire, désirez constamment l'inverse, et vous deviendrez un grand homme. Vous laisserez derrière vous un nom, retentissant toujours, parfois immonde. C'est ce que l'on ose appeler : « La Renaissance ».

« Pour être vus[2] », c'est pour être vus que l'on vit, c'est-à-dire contrairement aux enseignements du Seigneur. « Afin d'être vus », ils agissent, et non pour le bien ; « pour faire voir », ils créent leurs œuvres, et non pour le Beau. Le premier

[1] S. Mathieu, III, 10, et VII, 19.

[2] S. Mathieu, VI, 1, et 5, et 16.

portrait de sainte Catherine est fait par Andrea Vanni ; c'est la sainte elle-même. Le dernier est du Sodoma, nom digne de la Renaissance ; c'est une image théâtrale, chef-d'œuvre, soit, mais un de ces chefs-d'œuvre qui sentent la mort et la cendre, un chef-d'œuvre de charlatan [1].

S'il est vrai, comme le veut la légende, que le Botticelli, disciple de Savonarole, ait jeté dans le feu telle œuvre, une de ses grandes œuvres, qu'il jugeait païenne et dont il se repentait, jamais Sandro Botticelli ne fit de geste plus auguste. L'œuvre vénéneuse n'a point de beauté vraie. Qu'elle périsse ! et bienheureux l'artiste qui peut la reprendre, et l'anéantir ! Car « nul ne peut servir deux maîtres [2] ». Et l'abjection primordiale de la Renaissance est dans l'oubli, dans le mépris des paroles éternelles. C'est le blasphème contre l'Esprit Saint, déifiant, glorifiant ses œuvres et ses artisans. « Ils font toutes leurs œuvres pour être vus des hommes [3] ! »

Pharisiens, ou marchands du temple devenus seigneurs, ces hommes de la Renaissance sont encore jugés par ce simple fait : le mouvement d'idées et le progrès plastique ne provinrent point des traditions nationales, et ne surgirent point dans l'âme et dans les instincts de la race. Mais

[1] Des infirmières affaissées sous des chapiteaux à l'antique.

[2] S. Mathieu, VI, 24.

[3] S. Mathieu, XXIII, 5.

au contraire, c'est par une intervention étrangère, celle d'une race abaissée, vaincue, exilée par le Barbare, c'est par l'influence des Grecs dégénérés que l'Italie, et l'Europe avec elle, s'imprégnèrent de ce poison.

On sait bien que la Renaissance fut portée à son apogée, et reçut son entier développement, par l'influence des Grecs émigrés. Les Byzantins chassés ramenèrent la pourriture qui avait déjà corrompu l'ancienne Rome [1]. Les arts et les lettres de ces vieux gamins vicieux souillèrent à nouveau le monde.

Ce n'était plus cette Beauté qui naît de l'accord entre l'âme et la chair, de la sujétion qui asservit la chair à l'âme, et des divines harmonies ; mais une Beauté des muscles et des lignes, de la peau et des mouvements, la Beauté d'un beau cheval ou d'un beau chien.

Quant à leur morale, inspirée par un théâtre incestueux et par une philosophie bavarde, c'est, pour la plus grande partie, une morale du bon plaisir ; tout est permis à l'homme fort, tout est licite à l'homme beau, tout s'excuse par le succès ou par la faculté de plaire. Même quand leur pensée s'élève, du platonisme au stoïcisme, presque jusqu'au seuil de la religion chrétienne, il leur manque le fondement même de la vraie

[1] « Graecia capta ferum victorem cepit »...

morale : le renoncement et la charité. Le stoïcisme semblerait annoncer ce progrès : mais c'est une éthique d'esclaves résignés.

Ces convictions deviennent plus fermes à mesure qu'on étudie la Renaissance italienne. Et peut-être trente années de recherches sur cette époque me donnent le droit de le dire. Mais écoutons, pour repousser les accusations de violence ou de parti pris (d'ailleurs si indifférentes !) écoutons conclure le maître qui a le mieux étudié la pensée antique : « Qui de nous, écrit un Charles Renouvier à la fin de son *Manuel de Philosophie ancienne*[1], qui d'entre nous, un certain jour de sa vie, ne s'est senti transporté dans l'Invisible ?... Purs dans notre amour, forts dans notre volonté, illuminés dans notre entendement, nous avons compris, — mais ce furent des instants trop courts — cette admirable parole de l'apôtre : « La Foi, c'est la démonstration de l'Invisible, c'est la substance des choses que nous espérons. » La substance des choses de la Foi se saisit en elle-même : elle est embrassée par notre amour ; la démonstration n'en a rien de rationnel ; aucun doute ne l'atteint, ni celui qui s'attache aux principes, ni celui qui s'attache aux conséquences. »

Et c'est ainsi que l'Écriture Sainte, présageant

[1] Paris, 1844, 2 v. in-12, t. II, p. 394 et *Manuel de philosophie moderne*. Paris, 1842, in-12, p. 236 et suiv.

les conclusions de l'humaine sagesse, assure que « le chemin des justes est pareil à une lumière resplendissante, qui croît toujours en éclat, jusqu'à la splendeur du plein jour. — *Iter enim justorum simile est luci splendidæ, pergenti lucere; adeò ut eorum quisque sit stabilis die*[1] ».

Sainte Catherine a gravi cette voie des justes. De ce plein jour où elle trône, de cette splendide lumière où elle s'abîme et se confond, ah ! qu'elle prenne grand'pitié de nous autres, qui trébuchons encore parmi les ombres, qui nous débattons dans les fondrières des sentiers terrestres, qui piétinons entre les ronces et pataugeons par les marais !

Paris, 29 juin 1916, en la fête de Saint-Pierre.

[1] *Prov.* IV, 18.

Nihil obstat :

Fr. Th. MAINAGE,

O. P. Censor d.

Imprimatur :

Parisiis, die 10a octobris 1916.

P. FAGES, v. G.

BIBLIOGRAPHIE

Œuvres de sainte Catherine.

I. Dialogo de la Seraphica vergine santa Catharina da Siena : el quale profondissimamente tratta de la divina Providentia : de quasi tutti li peccati mortali e de molte altre stupende e maravigliose cose : come in el suo repertorio lucidamente appar (e). Insieme con la sua vita e canonizatione e alcuni notabili capitoli composti in sua gloria, e laude. Venise. Marchio Sessa, 1547, in-12.

II. Lettere devotissime della Beata Vergine S. Caterina da Siena. Venise, Domenico Farri, 1584, in-4°.

III. Opere. ed Gigli. Lucques-Sienne, 1707-1722; le 5e vol. est formé du *Vocabulaire*, interdit et supprimé, puis réimprimé. 5 vol. in-4°, ill.

IV. Lettere, ed Tommaseo. Florence, 1860. 4 vol., in-12, portr.

Traductions françaises

I. Lettres de sainte Catherine de Sienne, tr. par E. Cartier. Paris, Poussielgue, 1886, 4 vol., in-12.

II. Dialogue de sainte Catherine de Sienne, tr. par E. Cartier, 2e éd. Paris, Poussielgue, 1884, in-12.

III. Le Dialogue de sainte Catherine de Sienne, tr. par le R. P. J. Hurtaud. O. P. Paris, Lethielleux, s. d. 2 v. in-12.

Biographies de la sainte

I. Acta sanctorum. Aprilis, t. III (30 avril). Anvers 1675, in-fol. p. 961 et suiv. et Paris-Rome, Palmé, in-fol. 1866.

II. Durand et Martène. Scriptorum veterum amplissima collectio. Paris, 1729, in-fol. t. VI, p. 1238 et suiv.

III. Theologiae mysticae, mirabilium scilicet et inscrutabilium operum Dei lucida demonstratio, in libros II distributa, antè annos CLXXXIII per D. Raymundum a Vineis Capuanum, Theologum, conscripta partim, partim que ex idiomate italico in latinum transfusa, etc. Cologne, 1553, in-fol.

IV. De memorabilibus et claris mulieribus aliquot diversorum scriptorum opera. Paris, Simon de Colines, 1521, in-fol. p. 136 et suiv.

V. Divi Antonini archiepiscopi florentini chronicon pars III. Lyon, 1587, in-fol. t. III, p. 692 et suiv.

VI. Leggenda minore di S. Caterina da Siena e lettere dei suoi discepoli. scritture inedite pubblicate da F. Grottanelli. Bologna, Romagnoli, 1868, in-8° (coll. di op. ined. ò rare.)

VII. Razzi (R. P. Fra Serafino). Vite dei Santi, così uomini come donne, del sacro ordine dei Frati Predicatori. Florence, 1577, in-4°, pp. 43-76.

VIII. Razzi (P. Ab. Don Silvano). Vite dei santi e beati toscani. Florence, 1593, in-4°, pp. 567-624.

IX. Regoli (G.-B.). Documenti relativi a santa Caterina. Siena, Moschini, 1859, in-12.

X. Memorie di Ser Cristofano di Galgano Guidini da Siena, ap. Arch. stor. it. Ser. Iª t. IV. Florence, Vieusseux, 1843, in-8°.

XI. Drane (A.-T.). The history of sainte Catherine of Siena and her companions, with a translation of the treatise of Consummate Perfection, 2e éd., Londres. s. d., 2 v., in-8° ill.

XII. Drane (la R. M. A.-T.) prieure générale des Dominicaines d'Angleterre. Histoire de sainte Catherine de Sienne et de sa famille religieuse, tr. de l'anglais par l'abbé Cardon. Paris, Lethielleux, s. d., 2 v. in-8°, ill.

XIII. Vie de sainte Catherine de Sienne par le R. P. Raymond de Capoue son confesseur, suivie du supplément du B. Thomas Caffarini et des témoignages des disciples de sainte Catherine au procès de Venise, publ. par E. Cartier, 4e édit. Paris, Poussielgue, 1877, in-12.

XIV. Vie de sainte Catherine de Sienne par le Bienheureux Raymond de Capoue, confesseur de la sainte et maître général des Frères Prêcheurs, tr. par le R. P. Hugueny, O. P. Paris, Lethielleux, s. d., 1 vol. in-8o.

XV. Comtesse de Flavigny. Sainte Catherine de Sienne. Paris, Mignard, 1895, in-8o, ill.

XVI. Capecelatro (Cardinal Alfonso). Storia di santa Caterina da Siena e del Papato del suo tempo. Rome-Tournay, 1886, in-8o, 5e éd.

XVII. Aymé (Edward L.). Life of saint Catharine of Sienna (*sic*). New-York, Cincinnati, Chicago, s. d., in-12, ill.

XVIII. Gardner (Edmund). Saint Catherine of Siena, a study in the religion, literature and history of the XIVth century in Italy. Londres, Dent. 1907, in-8o ; ill. — cf. du même : Dante and the mystics. Londres, Dent, 1913, in-8o ill. [1].

Ouvrages généraux

I. Muratori (Lod. Ant.). Rerum italicarum scriptores praecipui, etc., 31 vol. in-fol. Milan-Florence-Venise, 1733-1885, t. III, pp. 690-704. — XV. Cron. sanese di Andrea Dei, contin. da Agnolo di Tura. — XVIII. 241 et suiv.

II. Du Chesne (Fr.). Histoire des cardinaux français, etc. Paris 1660-1666, 2 v., in-fol., t. II, pp. 437-449.

III. Ciaconius (Alph.) O. P. Vitae et res gestae pontificum

[1] Je note pour mémoire une « Vie de sainte Catherine, vierge », par un prêtre du diocèse de Valence. Lyon, Rusand, 1829, in-16. La vie de Madame sainte Katerine, publiée par Jean Trepperel et mentionnée, après Brunet, par Capecelatro, p. 553, est une vie de S. Catherine... d'Alexandrie. (*Bibl. nat. réserve.*)

romanorum et S. R. E. cardinalium, etc. Rome. 1677, 4 v., in-fol., t. II, 576-589.

IV. Brigitte (sainte). 1° Revelationes sancte Brigitte. Nuremberg, 1500, in-fol. fig.; 2° Revelationes olim a cardinali Turrecremata recognitae et approbatae, et a Consalvo Duranto Epô feretrano notis illustratae. Rome, 1628, 2 v., in-fol. grav.

V. Baluze (Etienne). Concilia Galliae Narbonensis. Paris, 1668, in-8°.

VI. Baluze (Etienne). Vitae Paparum Avenionensium. Paris, 1693, 2 v. in-4°, et éd. Mollat, Paris, 1916, in-4°, t. I.

VII. Mabillon (J.) et Germain (M.). Museum italicum, seu collectio veterum scriptorum ex bibliothecis italicis. Paris, 1724, 2 v. in-4°.

VIII. Petrarcae (Fr.). Epistolae de rebus familiaribus, etc. ed. J. Fracassetti. Florence, 1859-63, 3 vol. in-8°.

IX. Rienzo (la vita di Colà di) tribuno del popolo romano, scritta da incerto autore nel secolo XIV, éd. Zef. Re. Florence, 1854, 1 v. in-12.

X. Antoninus (Sanctus) Chronica, Lugduni 1543, in-folio. gr. 3 vol., cf. chroniques de saint Antonin, fragments originaux du titre XXII (1378-1480), thèse complémentaire par R. Morçay. Paris, 1913, in-8°.

XI. Bruni (Leonardo). La historia universale de' suoi tempi, da M. Lionardo Aretino. Venise, 1577, in-4°.

XII. Poggio. Istoria di M. Poggio fiorentino, tr. di latino in volgare da Jacopo suo figlio. Florence, 1598, in-4°.

XIII. Ammirato (Scipione). Istorie fiorentine, p. I^a, t. II°, l. XIII. Florence, 1647, in-fol.

XIV. Machiavel. Histoire florentine de Nicolas); n. trad. par le sieur de Brinon. Paris, 1577, in-12.

XV. Machiavelli (Niccolò). Opere. ed. Fanfani Passerini. Le Istorie fiorentine, ch. III du t. I. Florence, 1873, in-12.

XVI. Cronichette antiche di vari scrittori, etc. Florence, Domenico Manni, 1733, in-4°.

XVII. Peruzzi (Agostino). Storia d'Ancona. Pesaro, 1835, in-8°, t. II, p. 102.

XVIII. Ghirardacci (R. P. Cherubino). Della historia di Bologna, p. IIa. Bologne, 1657, in-fol. 2 vol.

XIX. Pisa (Memori e istoriche della città di Pisa) racc. dà Mgr Paolo Tronci. Livorno, 1682, in-4°.

XX. Istorie pistolesi e diario del Monaldi. Prato, 1835, in-8°.

XXI. Tocco (F.). Dante e l'eresia. Bologne 1899, in-8°, et : I fraticelli, ap. arch. stor. it. ser. v. t. XXXV, disp. 2a, Florence, 1905, p. 331-368.

XXII. Conclavi de' Pontefici romani, s. l., 1668, in-12.

XXIII. Denina (Carlo). Delle rivoluzioni d'Italia, l. XXV, Milan, 1820, in-8°.

XXIV. Tommaseo (Niccolò). Moti fiorentini del 1378 de' quali ebbe santa Caterina a patire. Arch. stor. it. n. ser. t. XII, disp. Ia. Florence, 1860, p. 21-45, cf. du même, préface à l'éd. citée des *Lettres*.

XXV. Diario d'anonimo fiorentino dall'anno 1358 al 1389 ed. da Al. Gherardi. ap. Documenti di st. it. pubbl. a cura della r. Deput. di st. patria ecc. Florence, 1876, in-fol.

XXVI. Gherardi (Alessandro). La guerra dei fiorentini con P. Gregorio XI, detta la guerra degli Otto Santi. ap. Arch. stor. it. ser. III, t. V-VIII (46-51 de la coll. gle). Florence, 1867-1868.

XXVII. Rime di M. Cino da Pistoïa e d'altri del secolo XIV, ord. da G. Carducci. Florence, 1862, in-32.

XXVIII. Dante. Il Convito e le Epistole, ap. Opere minori ed. Fraticelli, t. III. Florence, 1892, in-12.

XXIX. Corio (Bernardino). L'historia di Milano. Venise, 1554, in-4°.

XXX. Bergamo (R. P. Frate Jacopo Philippo da), supplemento delle croniche, etc. Venise, 1554, in-fol.

XXXI. Platina (Battista). Delle vite de' Pontefici ecc. Venise, 1643, in-4°.

XXXII. Capponi (Gino). Storia della repubblica di Firenze. Florence 1888, in-12, 3 v. t. II, ch. VIII.

XXXIII. Pastor (Louis). Histoire des Papes. tr. Furcy-Raynaud. Paris, 1901, t. I, in-8°.

XXXIV. J. V. le Clerc. et E. Renan. Histoire littéraire de la France au XIVe siècle. Paris, 1865, 2 v., in-4°.

XXXV. Valois (Noël). La France et le grand schisme d'Occident. Paris, 1896-1902, 4 v., in-8°.

XXXVI. Gebhart (Emile). Moines et Papes. Paris, 1896, in-12; et l'Italie mystique. Paris, 1893, in-12.

XXXVII. Guiraud (Jean). Saint Dominique. Paris, 1913, in-12.

XXXVIII. La vita italiana nel trecento. Milan, 1895, in-12.

XXXIX. Graf (Arturo). Roma nella memoria e nelle immaginazioni del Medio Evo. Turin, 1882, 2 v. in-8°.

Capecelatro (*op. cit.* p. 513-563) et Gardner (*op. cit.* 423-428) ont donné, l'un une très ample bibliographie, l'autre une bibliographie fort utile. Je n'ai cité ici que l'essentiel, et ce qui m'a constamment servi, pour ce travail sans prétentions scientifiques ni critiques.

De même, l'édition Gigli étant extrêmement rare — (la Bibliothèque nationale ne la possède pas; on n'y trouve que le t. IV contenant le *Dialogue*, et le *Vocabolario Cateriniano* en deux éditions, celle qui fut mise au pilon, et l'autre), — j'ai cité de préférence l'édition de Venise, plus commune, sauf pour les lettres qui sont seulement dans l'édition siennoise. Toute référence donnée sans indication spéciale se rapporte à cette édition vénitienne de 1584.

TABLE DES CHAPITRES

CHAPITRE VI

CHAPITRE VII

CHAPITRE VIII

ÉVREUX, IMPRIMERIE CH. HÉRISSEY

Baron A. de Maricourt.

Le Drame de Senlis, 1 vol. in-16 br., illustré. 3 50

Vicomte Hubert de Larmandie.

Blessé, Captif, Délivré. *Mémoires de guerre.* Préface du général Malleterre, 1 v. in-16 br., ill. 3 50

Louis Colin.

Reliques sacrées. *Lettres ouvertes sur des tombes.* 1 vol. in-8 broché, illustré . . . . 3 »

Henri Colas.

Les Chants du Coq Gaulois. 1 vol. in-8, br. 4 »

Charles Silvestre.

Charles Péguy. Lettre-préface de Mme Charles Péguy, 1 vol. in-16, broché. 1 50

Louis Garriguet.

Nos Morts. Séparation passagère. Revoir éternel. 1 vol. in-16 broché 3 50

Mgr A. Pons.

Il n'y a pas de Morts. Hommage à ceux qui sont tombés pour la Patrie. 1 vol. in-16 broché. 3 50

François Veuillot.

La Dévotion française et la guerre. ***Montmartre.*** 1 vol. in-12 broché 0 80

Un Aumônier militaire.

Manuel du soldat catholique. 1 vol. in-12 broché 0 80

A.-D. Sertillanges, *profr à l'Institut Catholique de Paris.*

Le Sermon sur la Montagne, 1 vol. in-12 broché 2 50

Eug. Standaert, *Député de Bruges.*

Une Mission Belge au pays des Boers. 1 vol. in-16 broché 3 50

ÉVREUX, IMPRIMERIE CH. HÉRISSEY

www.ingramcontent.com/pod-product-compliance
Ingram Content Group UK Ltd.
Pitfield, Milton Keynes, MK11 3LW, UK
UKHW022051260726
13993UKWH00001B/55

9 782019 932435